Für Katharina

Viel Erfolg 'm

[...]

D1640267

[signature]

Beatrice Müller   **Gut gebrüllt, Löwe!**

»People will forget what you said. People will forget what you did. But people will never forget how you made them feel.«

Maya Angelou

Beatrice Müller

Gut gebrüllt, Löwe!

Auftreten – überzeugen – sich durchsetzen

Tipps vom Medienprofi

orell füssli Verlag

© 2015 Orell Füssli Verlag AG, Zürich
www.ofv.ch

Umschlaggestaltung: Hauptmann & Kompanie Werbeagentur, Zürich
Lektorat: Rachel Camina, Zürich
Druck: CPI books GmbH, Leck

ISBN 978-3-280-05596-0

———

Die Deutsche Nationalbibliothek verzeichnet diese Publikation in der Deutschen Nationalbibliografie; detaillierte bibliografische Daten sind im Internet über http://dnb.d-nb.de abrufbar.

Inhaltsverzeichnis

Ein persönliches Vorwort

Auftreten, überzeugen, sich durchsetzen. Ob am Rednerpult oder vor der Kamera, bei einem Streitgespräch, in einer Sitzung oder an einer Medienkonferenz: Immer geht es darum, zu überzeugen. Wer sich nicht durchsetzen kann, wird nicht wahrgenommen.

Warum fällt es vielen Menschen so schwer, selbstbewusst aufzutreten? Weshalb gibt es so viele schlechte Redner und Kommunikatoren? Weshalb wirken viele hilflos vor der Kamera oder auf dem Podium?

»Experience is a powerful teacher.« Als Tagesschau-Moderatorin, als Journalistin, Reporterin und Redaktorin stand ich 25 Jahre lang an vorderster Front im News Business und habe Politiker, Wirtschaftsvertreter und viele Personen des öffentlichen Lebens interviewt. Ich kenne die Ängste der Redner und Interviewpartner. An Parteikongressen, Meetings und Tagungen habe ich immer wieder festgestellt, dass viele Menschen sich schwertun, vor Publikum authentisch und professionell zu kommunizieren.

Wie reden, damit man verstanden wird? Was tun, damit im Gedächtnis bleibt, was gesagt wurde? Wie eine Präsentation vorbereiten, eine Rede aufbauen, damit sich das Publikum nicht langweilt? – Wie beantwortet man heikle Fragen in einem Interview beim Radio oder im Fernsehen? Wie reagiert man, wenn man angegriffen wird? Was ist gegen Lampenfieber zu tun?

Welche Rolle spielen Outfit, Mimik, Körperhaltung bei einem Auftritt?

Profitieren Sie von meiner Erfahrung. Ich gebe Ihnen Tipps und Anleitungen – und ich ermuntere Sie zu spielerischen, praktischen Übungen. Damit Ihr nächster Auftritt ein voller Erfolg wird!

Ihre Beatrice Müller

ERSTER TEIL

Wer nicht auftreten kann, der existiert nicht

Um in der heutigen turbulenten Zeit bestehen zu können, reichen Diplome, Doktortitel und gute Referenzen längst nicht mehr aus. Wer nicht öffentlich seinen Mann oder seine Frau stehen kann, wird übergangen. Mehr denn je muss man sich »verkaufen« können. Stille Schaffer haben es schwer. Was nützt es, gute Arbeit zu leisten, wenn es niemand erfährt?

Die ersten Sekunden

»Poeta nascitur, orator fit«

Es war ein kalter Märzabend. Zehntausende haben sich auf dem Petersplatz in Rom versammelt. Ich stehe mittendrin und berichte für die Tagesschau des Schweizer Fernsehens. Alle Augen richten sich auf die Benediktinerloggia: Wann öffnet er sich, der rote Vorhang? Es ist totenstill. Endlich ist es so weit. Der Neue tritt hervor, blickt auf den riesigen Platz und lächelt. Niemand kennt ihn. Sein Bild erscheint auf vier großen Leinwänden, die am Rande des Platzes stehen.

Mit ruhiger Stimme sagt er: »Fratelli e sorelle, buona sera.« Es ist, als ob ein Damm bräche: Tosender Jubel erfüllt den Petersplatz. Einige Menschen stampfen vor Freude. Der erste Eindruck, den Papst Franziskus vermittelt, überwältigt die Masse. In den ersten Sekunden haben die Menschen ein Urteil gefällt. »Ich kenne den Mann nicht«, sagte mir eine Amerikanerin später ins Mikrofon, aber er ist »terribly sympathic«.

Die ersten Sekunden sind die wichtigsten. Der erste Eindruck, den Sie hinterlassen, entscheidet darüber, ob Sie beim Publikum ankommen oder nicht. Ob man Ihnen zuhört oder nicht. Ob man Ihnen glaubt oder nicht.

Wer die ersten Sekunden verpatzt, hat es schwer, den angerichteten Schaden zu beheben. Das Sprichwort »You never get a second chance to make a first impression« trifft das sehr genau.

»Für den ersten Eindruck braucht es nur den Bruchteil einer Sekunde«, schreibt Alexander Todorov, Psychologieprofessor an der Princeton University. Er hat zusammen mit Janine Willis eine Studie über den ersten Eindruck verfasst. Laut dieser Untersuchung braucht es sogar nur eine Zehntelsekunde, um die Vertrauenswürdigkeit und Attraktivität eines Unbekannten zu bewerten. Und die Autoren kommen zum Schluss, dass dieser erste Eindruck meist korrekt ist. Er stimmt mit dem überein, wie man die Persönlichkeit später – wenn man den Menschen besser kennt – einschätzt. Im Laufe der Zeit vertieft sich der erste Eindruck in der Regel nur, aber er ändert sich selten. Die Studie zeigt auch, dass die Menschen grosso modo gleich reagieren: Findet jemand eine Person auf Anhieb sympathisch, tun die meisten anderen das auch.

Auch Politiker werden meist in Sekundenschnelle intuitiv beurteilt. Dies geht aus einer früheren Studie von Todorov hervor. Ein schneller Blick ins Gesicht – und blitzartig ist das Urteil gefällt.

»Fratelli e sorelle, buona sera« – fünf Worte und ein Lächeln genügten. Im Konferenzsaal, im Sitzungsraum oder im Fernsehen ist es nicht anders. In den ersten Sekunden können Sie alles gewinnen – oder viel verlieren. Oft hat sich das Publikum schon ein Urteil gebildet, bevor Sie den Mund aufmachen.

Ob Sie ein Topmanager sind oder eine Vereinsversammlung leiten, ob sie eine politische Rede halten oder bei einem Schützenfest sprechen, ob Sie vor fünf Leuten auftreten oder vor fünfhundert: In den ersten Sekunden werden die Weichen gestellt.

Worte sind weniger wichtig, als wir glauben

Woran liegt es, dass wir jemanden positiv oder negativ wahrnehmen? Wir wissen längst, dass das, was wir sagen, eine weniger wichtige Rolle spielt, als man glauben könnte. Bei der Vermittlung einer Botschaft spielen Körpersprache, Mimik und Gestik eine überragende Rolle. Vor allem auch die Kleidung und die Stimme.

Wie schreiten Sie ans Rednerpult, resolut oder zögerlich? Stehen Sie aufrecht oder leicht gebückt? Sind Sie in guter Stimmung oder gestresst und müde? Was tun Sie mit den Händen? Ist Ihr Gesicht entspannt? Blinzeln Sie mit den Augen? Starren Sie auf den Text oder suchen Sie Augenkontakt mit dem Publikum? Wie hoch ist Ihre Stimmlage? Wie sind Sie gekleidet, dezent oder auffällig? Welchen Schmuck tragen Sie? Wie sprechen Sie, hastig, monoton, lebhaft?

Laut Kommunikationsberaterin Doris Ternes wird die Wirkung einer Botschaft zu

- 55 Prozent von der Körpersprache (nonverbale Kommunikation)
- zu 38 Prozent von der Stimme (paralinguistische Kommunikation)
- und nur zu 7 Prozent vom Inhalt (verbale Kommunikation) bestimmt.

Sie können also noch so klug reden: Wer nonverbal versagt, verliert in der Regel auch auf verbaler Ebene. Stimmt die nonverbale Kommunikation nicht, verpuffen intelligente Worte.

»Wen das Auge nicht überzeugen kann, überredet auch der Mund nicht«, so der österreichische Schriftsteller Franz Grillparzer (1791–1872). Oder mit den Worten Pierre Corneilles (1606–1684): »Die Art, *wie* man gibt, bedeutet mehr, als *was* man gibt.«

Viele überschätzen ihr rhetorisches Talent
Wer vor einem vollen Saal auftritt, an einem Podiumsgespräch oder einer Medienkonferenz teilnimmt, bekommt die Chance, seine Ideen, seinen Standpunkt zu »verkaufen«. Er oder sie greift

in die öffentliche Diskussion ein und kann vielleicht etwas bewirken.

Wer sich in der heutigen exhibitionistischen Gesellschaft nicht ausdrücken kann, wird nicht wahrgenommen. Das »Wie« eines Auftritts hat im Medienzeitalter an Bedeutung gewonnen. Ein misslungener Auftritt kann eine Karriere beschädigen. Ein CEO, der holprig spricht und fahrig wirkt, beeinträchtigt nicht nur sein Image, sondern auch das seines Unternehmens.

Wie aber treten unsere Politiker und Topmanager auf? Vieles hat sich in den letzten Jahren zum Guten verändert. Es gibt heute in der Schweiz hervorragende Rednerinnen und Redner, Menschen, denen man an den Lippen hängt, die einen fesseln. Doch das sind noch immer Ausnahmen. Es erstaunt immer wieder, wie viele gut gebildete Leute in hohen Positionen sich schlecht ausdrücken können. Viele überschätzen ihr rhetorisches Talent.

Wer sagt schon einem Toppolitiker oder einem CEO, dass seine Rede absolut unverständlich war? Leute, die in der Hierarchie ganz oben stehen, kritisiert man nicht. So sprechen sie denn weiter – man versteht sie nicht. Und alle klatschen.

Dreihundert Gäste befinden sich im Saal. Immer wieder klatschen sie. Der Redner ist nicht irgendwer. Er spricht 23 Minuten lang. Mein Kamerateam filmt alles, von A bis Z. Später sitze ich im Fernsehstudio und schaue mir den aufgezeichneten Auftritt am Computer an. Ich will einige wichtige Sätze für die Tagesschau herausfiltern. Doch ich finde keine. Zwei Mal, drei Mal spule ich zurück. Alles nur Worthülsen, ungeschickt vorgetragen. Schließlich entscheidet die Redaktion, nichts von dieser Rede zu senden. Nach der Sendung hat mich der Politiker angerufen und wütend gefragt: »Weshalb haben Sie meinen Auftritt nicht gesendet?« Meine Antwort: »Man hat nicht verstanden, was Sie sagen wollten!«

»Der Zustand der politischen Rhetorik in Deutschland ist erbärmlich«, schreibt die *Süddeutsche Zeitung* in ihrer Ausgabe vom

15. November 2014. »Viele Volksvertreter lesen lieber geschraubte, nicht von ihnen verfasste Texte ab – statt frei zu sprechen.« Ist es in der Schweiz anders?

Reden – das bedeutet meist nicht reden, sondern ablesen. Man ist schon froh, wenn man das Manuskript unfallfrei und ohne allzu viele Versprecher vorlesen kann. Eine freie Rede halten, ohne Zettel, das Publikum mitreißen, begeistern, improvisieren, auf die Zuhörerinnen und Zuhörer eingehen – das können wir kaum. Und ist jemand dazu imstande, ist die Angst da, etwas Unbedachtes zu sagen. Also doch besser: ablesen.

»Wir sind halt keine großen Redner«

Es ist nicht lange her, da konnte kaum ein Bundesrat mehrere aneinandergereihte Sätze frei und fehlerfrei sprechen. Nur selten traten unsere Landesväter öffentlich auf – und wenn, dann bei Schützenfesten oder Jubiläen von Krankenkassen. Das Fernsehen existierte noch nicht, und so hat das Volk die unbeholfenen Auftritte im Parlament nicht mitbekommen. Wortgefechte, die Schlagfertigkeit verlangen, waren selten.

Auch damals gab es natürlich Ausnahmen. Der Berner Bundesrat Rudolf Minger war mit seinem eigenartigen Duktus ein rhetorischer Leuchtturm. Die meisten anderen Bundesräte jedoch kämpften sich nur mühsam durch ihr Manuskript. Betrachtet man im Archiv des Schweizer Fernsehens dreißig, vierzig Jahre alte Bundesratsreden oder Interviews, so kann man nur schmunzeln. Im Vergleich dazu sind die meisten unserer heutigen Bunderätinnen und Bundesräte quirlige und flotte Ciceroni.

Bescheidenheit ist eine Zierde. Das gilt in deutschsprachigen Landen auch bei Reden. Im Gegensatz zu den Amerikanern und Briten geben wir nichts Persönliches preis. Packende, farbige, gefühlvolle Reden bezeichnen wir schnell als »pathetisch«, »theatralisch« und »übertrieben sentimental«. Wir wollen lieber trockene, solide Ausführungen, viele Zahlen und Fakten. »Wir stehen zu unseren schweizerischen Werten«, sagte mir ein Berner National-rat,»wir sind halt keine großen Redner«.

So werden auch in unseren Parlamenten selten große Reden gehalten – schon wegen der Redezeitbeschränkung. Da tragen sich 36 Nationalrätinnen und Nationalräte auf die Rednerliste ein, um sich zu einer Vorlage zu äußern. Doch die rhetorische Qualität dieser kurzen Ansprachen ist meist gering. Wenige Parlamentarier ändern aufgrund dieser Interventionen ihre Meinung. Die Ent-scheidungen sind meist schon gefallen: in den Fraktionen und Hinterzimmern.

Solche Auftritte haben oft nur die Funktion, den bekannten Standpunkt zu wiederholen. Dass man andere umstimmen kann, glaubt man eher nicht. Das ist offenbar auch bei unserem nördli-chen Nachbarn so: »In Deutschland redet kaum jemand mit dem konkreten Ziel zu überzeugen«, schreibt Roman Deininger im November 2014 in der *Süddeutschen Zeitung*.

Politiker zum Anfassen

Brillante, geschliffene, mitreißende Reden stehen bei uns nicht hoch im Kurs – und eloquente Rhetoriker gelten schnell als Schwätzer mit großer Klappe, ja gar Hochstapler. Oder schlim-mer: Man fürchtet, dass sie uns manipulieren. Rasch werden sie in die Ecke der Demagogen gestellt, der Populisten und Volksverfüh-rer. Denn wortgewaltige Reden berühren einen nicht nur, wir wer-den von ihnen ergriffen.

Wer in den USA kein brillanter Rhetoriker ist, hat es schwer – und sei er noch so intelligent. Barack Obamas Reden sind Bei-spiele rhetorischer Glanzleistungen. Seine Worte hinterlassen ei-nen nachhaltigen emotionalen Eindruck. In alemannischen Ländern ist das anders. Auch ohne geschliffene Rhetorik, auch ohne dynamische Auftritte kann man bei uns gewählt werden. Ein

Beispiel ist Angela Merkel. Sie zeigt, dass man auch als wenig brillante Rednerin Sympathien und Wählerinnen und Wähler gewinnen kann.

Dennoch: Die Zeiten ändern sich. Alles wird heute vom Fernsehen übertragen oder erscheint auf Youtube. Die Einzelnen stehen unter höchster Beobachtung. Paparazzi überall. Die politischen Gegner schlachten Fehler schamlos aus. Ratings werden ermittelt: Daumen hoch, Daumen runter. In den sozialen Medien und den Kommentarspalten der Onlineportale kriegen alle ihr Fett ab.

Wir wollen heute die Politiker, die Wirtschaftsleute, die »Player« in unserem Land sehen, hören, anfassen können. Vorbei sind die Zeiten, in denen man von Hinterzimmern aus politisieren konnte.

Früher gab es in der Schweiz Politiker, die mit einem Glanzresultat gewählt wurden, ohne ein einziges Mal vor Publikum aufgetreten zu sein. Sie profitierten von einem guten Listenplatz bei Wahlen. Noch immer spielen Listenplätze eine Rolle. Doch die Medien durchleuchten heute die Kandidaten stärker als früher. Parteiparolen werden immer weniger befolgt. Die Parteizugehörigkeit hat an Wichtigkeit verloren. Im Fernsehzeitalter müssen Kandidatinnen und Kandidaten zunehmend ihre Frau oder ihren Mann stehen. Wer nicht auftreten kann, wer sich nicht erklären kann, wer seine Botschaft nicht anschaulich und verständlich formulieren kann, dem nützen gute Listenplätze immer weniger.

Schnell kommt der Einwand, dass heute vor allem die »Blender« triumphieren, jene fernsehtauglichen Männer und Frauen, die sich im Scheinwerferlicht vermarkten können – und die stillen Schaffer, diejenigen, die vielleicht bessere Ideen und mehr zu bieten haben, eben nicht. Darauf gibt es nur eine Antwort: Stille Schafferinnen und Schaffer, lernt aufzutreten!

Leisten Sie sich einige Fahrstunden!

Auftreten können – das wird nur wenigen in die Wiege gelegt. Doch ob Sie sich in einem Saal, auf einer Sitzung oder im Fernsehen präsentieren – Auftritte kann man lernen und üben. Dazu gibt es Regeln und Erkenntnisse.

Schon Studenten lassen sich heute coachen. Das Bewusstsein, dass es wichtig ist, auftreten zu können, wächst. Ein Vater vertraute mir seine 15-jährige Tochter, eine Gymnasiastin an. Sie soll »lernen aufzutreten«, bat er mich. Etwas schüchtern erklärte mir dann das Mädchen:»Ich will andere überzeugen können.« Was sie denn werden wolle, fragte ich.»Politikerin.« Wir übten einen Nachmittag lang. Ich erkannte schnell: Die blitzgescheite junge Frau hat das Zeug dazu. Sie wird bald glanzvoll auftreten und überzeugen.

Ich erschrecke immer wieder, wie viele Persönlichkeiten, die im öffentlichen Leben stehen, sich keine Gedanken über ihre Auftritte machen. Wie funktionieren die Medien, was ist eine Kernaussage, wie hält man seine Rede, wie baut man einen Vortrag auf, wie verhält man sich vor der Kamera und dem Mikrofon, wie bereitet man sich auf ein Streitgespräch vor, wie kann man überzeugen? Großes Staunen.

»Wir haben leider keine Zeit für ausgiebige Medientrainings, wir arbeiten jetzt schon am Limit«, sagten mir Stadträtinnen und Stadträte einer mittelgroßen Schweizer Stadt. Doch ein Tag genügte, und sie erkannten, wie wichtig ein solches Training ist.

Was nützt es, gute Ideen zu haben, wenn es niemand merkt? »Wollen Sie einen Dollar in ihr Unternehmen stecken, so müssen Sie einen weiteren bereithalten, um das bekannt zu machen«, erklärte der Autobauer Henry Ford. Oder: Wenn Sie viel Zeit, Fleiß und Hingabe in eine gute Arbeit investiert haben, müssen Sie Zeit, Fleiß und Hingabe aufwenden, um die gute Arbeit bekannt zu machen.

Politische Arbeit muss dem Parlament und dem Volk verständlich gemacht werden. Politik in einer Demokratie ist Öffentlichkeitsarbeit. Ein Politiker muss den Bürgerinnen und Bürgern seine Politik erklären. Das gelingt nur mit überzeugenden Auftritten. »Wirb oder stirb«, sagte Henry Ford auch. Werben Sie für sich und Ihre Arbeit – oder Sie werden vergessen.

Auftrittstraining ist für viele noch immer Zeitverschwendung. Doch würde sich ein Autofahrer ans Steuer setzen ohne eine einzige Fahrstunde? Da stehen Leute vor den Kameras, die noch nie eine Stunde Medientraining absolviert haben. Menschen halten Vorträge, und das Publikum fragt sich, was er oder sie ihm eigentlich sagen will. Wenn ein Auftritt dann missglückt, wenn das Interview peinlich herauskommt, dann sind »die bösen Medien« schuld.

Geben Sie nie ohne ein Minimum an Medientraining ein Interview. Um Autofahren zu lernen, brauchen alle 15 Fahrstunden oder mehr. Auch Theoriestunden sind nötig. Leisten Sie sich einige Stunden Medien- und Auftrittstraining.

To take away

- Die ersten Sekunden entscheiden darüber, ob Sie positiv oder negativ wahrgenommen werden.
- Worte sind weniger wichtig, als wir glauben.
- Das Nonverbale und die Stimme dominieren 93 Prozent Ihres Auftritts.
- Reden und kommunizieren heißt nicht »geschraubte Texte« ablesen.
- Gehen Sie nie ohne ein Medientraining in ein Interview.

Selbstvermarktung
Seien Sie etwas Besonderes

Damit man Ihnen glaubt, braucht es ein scharfes, positives persönliches Profil. Der Inhalt Ihrer Botschaft kommt nur an, wenn Sie als Transporteur der Botschaft glaubhaft wirken. Sie müssen als unverwechselbare Persönlichkeit wahrgenommen werden. Als *Marke* oder *Brand*. *Die Marke Huber.* Ohne Selbstvermarktung geht es nicht.

Unterscheiden Sie sich von den anderen. Zeigen Sie sich mit Ecken und Kanten. Seien Sie leidenschaftlich, offensiv, authentisch. Seien Sie etwas Besonderes. Die Leute wollen Persönlichkeiten sehen, Menschen aus Fleisch und Blut, keine Maschinen, keine Roboter, keine Zahlenakrobaten. Stehen Sie zu Fehlern. Erzählen Sie, wie Sie Tiefpunkte gemeistert haben, wie Sie mit den Veränderungen und den Gefahren umgegangen sind. So ernten Sie Achtung und Solidarität. Wer sich stets als tadelloser Sieger präsentiert, gewinnt keine Zuneigung. Leute, die nicht ab und zu Emotionen zeigen, sind langweilig, fremd, unerreichbar – und meist schwach.

Weichgespülte Texte, rund geschliffene Phrasen, austauschbarer Schwulst, politisch Überkorrektes – das vergisst man, und das braucht man nicht. Wer nur in Grautönen redet, gehört weder ans Rednerpult noch auf ein Podium, und auch nicht ins Fernsehen.

Die Makellosigkeit mancher Redner ist beängstigend. Viele dieser grauen Mäuse verstecken sich hinter banalen Allgemeinplätzen. Ihnen fehlt der Mut, klar Stellung zu beziehen und die eigene Meinung zu äußern. Sie haben Angst anzuecken. Sie fürchten sich vor ihren Vorgesetzten. Oder vor einem Teil der Aktionäre oder vor den Medien.

»Wer sich exponiert oder etwas leistet, hat immer auch Gegner«, schreibt der Psychologe Allan Guggenbühl. Also: sich nicht exponieren, ja kein unbedarftes Wort äußern. Lieber die Zuhörer in den Schlaf lullen als eine pointierte Meinung vertreten. Es ist zum Heulen.

»Who the hell ist that guy?«
Wie oft habe ich diesen perfekten Managern zugehört. Als ob sie einer Mauer entlangschlichen und Selbstgespräche führen würden. Sie sind unnahbar, zeigen nicht das geringste Gefühl, nicht die leiseste Empfindung. Sie rasseln ihre Zahlen und Fakten herunter. Sie wollen zeigen, dass sie alles im Griff haben. In allen Fragen sind sie kompetent. Alles überkorrekt, ja keinen Anstoß erregen, kein falsches Wort: lustlose, antiseptische Monologe. Das Publikum gähnt. Niemand wird sich an sie erinnern. »Wer sich ständig kontrolliert und anpasst, hat keine Ausstrahlung«, sagte die deutsche Politikerin Renate Schmidt. Ihr Ziel muss sein, dass man sich lange an Ihren Auftritt erinnert – und vor allem an Sie.

Stellen Sie sich eine dieser riesigen Versammlungen in einer riesigen Kongresshalle vor. Weit, weit vorne dreht jemand eine traurige Leier. »Who the hell is that guy?«, fragt mich ein britischer Journalist. »The guy« ist ein Topmanager eines großen, börsenkotierten Unternehmens. Er stellt den Jahresbericht im Detail vor: Zahlen, Zahlen, nur Zahlen …

Natürlich müssen Aktionäre über den Geschäftsverlauf informiert werden, der sich nun einmal in Zahlen ausdrückt. Aber wieso konzentriert man sich nicht auf die wichtigsten Eckwerte und verteilt alles andere schriftlich – oder stellt es ins Netz? Die Akustik in diesen riesigen Hallen ist selten ideal. Zudem steht der Redner so weit entfernt, das man ihn kaum erkennen kann, und drittens sind zu detaillierte Informationen auf den Powerpoint-Folien unübersichtlich und kaum lesbar. – Wieso wird immer wieder die Chance vertan, solche Auftritte sorgfältig zu planen?

Sie sind der Star
Mit einer mitreißenden Rede oder einem zündenden Interview können Sie viel bewirken. Wecken Sie Neugier, fordern Sie heraus, geben Sie Ansporn! Sprechen Sie Klartext. Wer das tut, eckt oft an. Ecken Sie an! Wer es allen recht machen will, sollte auf Auftritte verzichten. Verstecken Sie sich nicht hinter Excel-Tabellen. Wer in Charts und Statistiken lebt, sollte keine Rede halten und keine Interviews geben.

Das Publikum will nicht von Ihnen hören, was man in jedem Geschäftsbericht oder im Internet nachlesen kann. Verteilen Sie den Geschäftsbericht – aber lesen Sie ihn nicht vor. Mediensprecher sollen die Zahlen vermitteln, von Führungskräften erwartet man eine persönliche Einschätzung der Zahlen, einen Kommentar zum Geschäftsbericht.

Das Fernsehteam will ein Interview, weil es eine Interpretation von Facts and Figures will, einen persönlichen Standpunkt. Zahlen können die Journalisten selbst vermitteln.

Stehen Sie auf der Bühne oder vor der Kamera, sind Sie der »Star«, ob Sie das wollen oder nicht. Das Publikum ist wegen *Ihnen* gekommen. 300 Personen im Saal sind gespannt auf *Ihre* Einschätzung. Hunderttausende Fernsehzuschauer erwarten *Ihre* Interpretation der Fakten. Sagen Sie klipp und klar Ihre Meinung. »Hier stehe ich vor der Kamera, hier stehe ich auf der Bühne. Sie sind gekommen, um *meinen* Standpunkt zu hören. Hier ist er.« Eine Rede, ein Interview – das sind unverwechselbar *Sie*!

Selbstinszenierung wird in deutschsprachigen Landen wenig geschätzt. Doch ein wenig Selbstinszenierung muss sein.

Key Message: The Big Idea

Stellen Sie sich eine Zuhörerin vor. Sie hat Ihren Vortrag verfolgt und geht nach Hause. Ihr Mann fragt sie: Was war die Botschaft des Auftritts? Wenn die Zuhörerin sie nicht in wenigen Sätzen zusammenfassen kann, war Ihre Rede umsonst.

Die Amerikaner sagen, jeder Auftritt müsse eine »big idea« enthalten – etwas Außergewöhnliches, etwas Frisches, etwas Erstaunliches, etwas Unerwartetes. Jede Rede und jedes Interview soll bei Zuhörern ein Aha-Erlebnis auslösen. »Aha, das wollte er mir sagen!«. »Aha, so sieht sie die Lage!«

Die meisten Rednerinnen und Redner packen zu viel in ihren Text. Sie sprechen über dies und das, und auch noch über jenes. Alles ausgeschmückt mit einigen Anekdoten. Das Publikum wird klatschen. Es geht nach Hause und sagt: »Sie hat schön gesprochen.« Über was? »Ach, über vieles«.

Was ist die Botschaft meiner Rede? Was soll beim Publikum – ob es im Saal oder vor dem Fernseher sitzt – in Erinnerung bleiben? »Ich will dem Publikum vermitteln, dass …«. Bevor Sie sich an die Vorbereitung einer Rede, eines Auftritts, eines Interviews machen, kreieren Sie einen Aussagewunsch. Halten Sie in einem Satz fest, was Sie sagen oder zeigen wollen.

Dieser Aussagewunsch ist das A und O jedes Auftritts. Was soll hängen bleiben? So banal diese Frage klingt: Meist stellt sie eine große Herausforderung dar. Sie bedingt, dass man einen komplexen Inhalt auf das Wesentliche reduziert.

Formulieren Sie nun Ihre Kernbotschaften. In einer Rede von 50 Minuten sind nicht mehr als drei empfehlenswert. Je klarer, je pointierter, je provokativer sie sind, desto mehr wird das Publikum aufhorchen. Verfechten Sie nun Ihre Thesen. Weshalb sind Sie der Ansicht, dass sie stimmen?

Hinterfragen Sie sie jetzt. Entwickeln Sie Antithesen, also mögliche Kritik, die man an Ihren Kernbotschaften geäußert hat oder äußern könnte. Zerpflücken Sie diese Kritik. Versuchen Sie aufzuzeigen, dass sie ungerechtfertigt ist – oder nur teilweise gerechtfertigt.

Führen Sie aus Ihrer These und der Antithese die Synthese zusammen. Untermauern Sie also anhand von These und Antithese Ihre anfänglichen Kernbotschaften.

Sollten Ihre Kernbotschaften nur Facts and Figures enthalten, wird die Rede langweilig sein. Geben Sie aber pointierte persönliche Einschätzungen, wird man Ihnen zuhören.

»Wenn die Passion fehlt, fehlt alles«

Wo auch immer Sie auftreten: Putschen Sie sich vorher mental auf. Pumpen Sie Sauerstoff in die Venen. Jetzt ist die Bühne frei für Ihren Auftritt. »Jetzt zeige ich, wer ich bin, was ich kann. Kopf hoch, Vorhang auf!« Jetzt, für eine halbe Stunde oder eine Stunde sind Sie das Alphatier. Wer nicht an den Erfolg seines Auftritts glaubt, wird wohl auch keinen haben.

Je überzeugter Sie von sich und ihrem Manuskript sind, desto stärker wirkt sich das auf Ihre Ausstrahlung und Ihre Körperhaltung aus.

Aber: Wichtigtuer kommen in Europa nicht gut an – und in der Schweiz schon gar nicht. Auch bei uns gibt es diese präpotenten, lässig dreinblickenden Manager, die es nicht für nötig halten, jemanden zu grüßen. Das Wort »Empathie« können sie nicht einmal buchstabieren. Sie wollen nur weiter und höher und stehen ständig unter Strom. Doch solche Ich-ich-ich-Tölpel sind schnell entlarvt. Wenn Sie sich in den Mittelpunkt stellen, tun Sie das diskret, ohne Begleitung von plumpem Eigenlob. Dazu braucht es Fingerspitzengefühl. Eine Prise Understatement ist noch immer das erfolgreichste Mittel, um sich positiv zu profilieren.

Leben Sie Ihren Text! Seien Sie stolz auf Ihre Botschaft. Betrachten Sie es als etwas Wertvolles, etwas Einmaliges, das Sie jetzt mit Herzblut und innerem Feuer dem Publikum offerieren. Dann springt der Funke über.

Kommunikation heißt auch: begeistern. Ein Auftritt muss aufrütteln, zum Nachdenken anregen, Emotionen wachrufen. Rednerinnen und Redner, die viel sprechen müssen, »fühlen« den Text oft nicht mehr. Sie leiern ihn nur herunter. Sie achten darauf, dass sie sich nicht versprechen, aber sie denken nicht mehr an den Inhalt, den sie präsentieren. Solche Auftritte wirken blutleer.

Schauspieler versetzen sich bei jeder Aufführung in die Person hinein, die sie verkörpern. Hamlet wird jedes Mal neu gelebt, neu empfunden, neu gefühlt. Auch wenn Sie Ihr Thema schon mehrmals behandelt haben, versuchen Sie, es immer wieder von Neuem mit Leben zu füllen.

»Man muss als Publikum den Eindruck haben, dass das Werk im Moment der Aufführung entsteht«, sagt der argentinisch-israelische Dirigent und Pianist Daniel Barenboim in einem Gespräch im *Spiegel* vom 17. März 2014. Natürlich bezieht er sich auf die Musik. Doch das gilt auch für Ihren Auftritt. Wenn das Publikum im Saal den Eindruck bekommt, hier wird gerade jetzt, in diesem Moment eine neue Idee entwickelt, steigert das die Aufmerksamkeit.

Wenn sich die Zuhörer aber fragen, wie oft dieser Text wohl schon vorgetragen wurde, werden sie dem Redner kaum an den Lippen hängen.

»Monotony kills speeches«, sagen die Engländer. Das Publikum merkt schnell, ob eine Rede nur vorgetragen, abgespult oder tatsächlich empfunden wird. Fehlt dem Redner die Begeisterung, kann auch das Publikum nicht begeistert werden. Oder mit Alberto Moravia: »Wenn die Passion fehlt, fehlt alles. Ohne Leidenschaft ist nichts zu erreichen.«

To take away

- Wir wollen Menschen aus Fleisch und Blut sehen, keine Roboter, keine Zahlenmenschen.
- Zeigen Sie sich mit Ecken und Kanten, seien Sie authentisch, leidenschaftlich.
- Wer sich immer als makelloser Sieger präsentiert, kommt nicht an.
- Wenn Sie nur Zahlen und Fakten zu verkünden haben, halten Sie keine Rede.
- Sie sind der Star auf der Bühne, ob Sie es wollen oder nicht.
- Arbeiten Sie an Ihrer persönlichen Marke, Ihrem Brand.
- Seien Sie etwas Besonderes.
- Formulieren Sie die Botschaft Ihres Auftritts in einem Satz.

Nonverbale Kommunikation: Das Outfit
Die Verpackung des Menschen

»Ich will mit Inhalten überzeugen«, sagte mir ein Redner, »das ist meine Stärke. Äußerlichkeiten interessieren mich nicht.« Wer sich nicht für Äußerlichkeiten interessiert, verbaut sich viel.

Die banalsten Äußerlichkeiten können den gescheitesten Inhalt zunichtemachen: Je außergewöhnlicher Ihr Outfit, desto weniger hört man Ihnen zu. Der Mensch ist so programmiert, dass ihm Ausgefallenes, Sonderbares und nicht Alltägliches sofort ins Auge sticht und seine Aufmerksamkeit fesselt. Den Inhalt der Botschaft verpasst er dann.

Kleider sind ein starkes Kommunikationsmittel. Sie senden wichtige Signale. Auffallende, eigenartige Kleider und Frisuren geben zum Nachdenken Anlass. Und während nachgedacht wird, rauscht der Inhalt Ihrer Rede vorbei. Sitzt Ihr Schlips schief, haben Sie Schuppen auf den Schultern, hellgrüne Haare, tragen Sie eine Mickey-Mouse-Krawatte, einen zu eng sitzenden Veston hört, man Ihnen kaum zu.

An einer Medienkonferenz über den Atomausstieg trat Bundesrätin Doris Leuthard in einem T-Shirt auf. Darauf waren Menschen abgebildet, die aus einem Reaktor steigen. Ihre Botschaft: Ja zum Atomausstieg. Alle haben auf das ungewöhnliche Outfit gestarrt, darüber diskutiert. Niemand hat zugehört, was die Bundesrätin zu sagen hatte.

»Eigenverantwortlich scheußlich«

Wir leben in einer Zeit, in der Individualität immer mehr gilt. Vor allem auch durch die Kleidung wollen viele ausdrücken, dass sie keine angepassten Langweiler sind. Ein Spießer will keiner sein.

Längst gibt es nicht mehr die »eine« gültige oder angesagte Mode. Stile und Moden vermischen sich, und kombinatorisch ist heute alles erlaubt. Mit Kleidern gibt der Mensch Hinweise auf seine Geisteshaltung, seine Überzeugungen, seine Ideologie. Die Verpackung der Person spielt auf den Inhalt an. Kleider tragen dazu bei, dass der Mensch »gelesen« werden kann.

Heute werden Formalitäten und Traditionen über den Haufen geworfen. Man geht in Pink zur Beerdigung und in Turnschuhen und mit dem Skateboard zum Vorstellungsgespräch. »Wo nicht ständische Gesetze herrschen müssen – bei Anwälten, bei Bankern, im Spital, im Cockpit, im Vatikan –, purzeln Stile und Moden munter ineinander«, schreibt Martin Meyer, der Feuilletonchef der *Neuen Zürcher Zeitung* am 22. April 2014. »Eine der wenigen Konstanten ist dabei der schlechte Geschmack.« Die kombinatorischen Freiheiten würden eine Kreativität erlauben, die »häufig nur als eigenverantwortlich scheußlich zu bezeichnen« sei.

Wie auch immer: Es gibt nichts Sinnloseres, als über Geschmack zu streiten. Jeder und jede hat den seinen bzw. ihren, und das ist richtig so. Dass sture Kleiderregeln nicht mehr gelten, entspricht dem Zeitgeist. Krawatte ja oder nein? High Heels oder flache Schuhe? Hosenanzug oder Rock? Jeder und jede soll es für sich entscheiden.

Anzug oder nicht? »Kein Mann muss heute noch Anzug tragen«, schreibt Jakob Schrenk am 6. Dezember 2014 in der *Süddeutschen Zeitung*. »Er darf aber. Ein gut sitzendes Exemplar ist immer noch unschlagbar.«

Längst haben Stilpäpste die Business-Kleiderordnung gelockert. Doch auf der Führungsebene von Banken, Versicherungen und Kanzleien herrschen noch immer rigide Regeln. Die Banker-Kaste gehört in Sachen Outfit zu den beharrlichsten. So zählt denn der Business-Knigge auch heute noch zahlreiche No-Gos auf.

Dresscode und No-Gos
In der Business-Welt dominiert heute ein anspruchsvoller, nicht billiger optischer Minimalismus. Auch wenn Banker mit Rucksack und Trottinett zur Arbeit gehen, gilt in den höchsten Führungsetagen für Männer noch immer: klassisch geschnittene, dunkle Anzüge, weißes oder hellblaues Hemd ohne Verzierungen, schwarze, geschnürte Lederschuhe, dezente Krawatte.

Auf der zweithöchsten Managementstufe sind dezente Muster und Farbtöne möglich. Das Hemd muss nicht weiß, darf aber nicht grell farbig sein. Die Schuhe und Socken sind immer schwarz.

No-Gos für Business-Männer sind laut Business-Knigge: helle Schuhe zu dunklem Anzug, braune Schuhe zu blauem Anzug, Stiefeletten, weiße oder bunte Socken, zu kurze Socken, Lederkrawatten, Nappalederkleidung, sichtbare Piercings und Tätowierungen.

Für Business-Frauen gilt: schwarzes, dunkelblaues oder dunkelgraues Kostüm in gedeckten Farben mit Top oder Bluse. Blusen oder Tops sind klassisch unifarben. Hosenanzüge sind längst keine Pflicht mehr. Röcke oder Jupes sind erlaubt. Sie sollten höchstens bis zu einer Handbreit über das Knie reichen.

Wenn Sie, als Frau, an einer Podiumsdiskussion teilnehmen und wissen, dass Sie in einem Fauteuil sitzen werden, achten Sie darauf, keinen allzu kurzen Rock zu tragen. Bei einem Dreikönigstreffen der deutschen FDP zeigte eine Kamera der ARD in Großaufnahme die Beine der Politikerin Katja Suding mit einer Bewegung von unten nach oben, was im Netz einen Sturm der Entrüstung auslöste. Der Chefredaktor der ARD entschuldigte sich öffentlich für den »Altherrenschwenk«. Katja Suding nahm es sportlich: »Jetzt weiß jeder, dass ich mit meinen sportlichen Beinen die 5-Prozent-Hürde locker überspringen kann.« Was ihr dann auch gelang.

No-Gos für Frauen sind: hautenge, durchsichtige Kleidung, weite Ausschnitte, extrem kurze Röcke, schrille Farben, grelles Make-up, Haare, die ins Gesicht fallen, sichtbare Tätowierungen, unbestrumpfte Beine, Schlabberlook, zu viel Schmuck.

Gedämpfte, klassische Business-Kleider haben den Vorteil, dass sie nicht auffallen und nicht störend wirken. Wenn Sie eine Sitzung leiten, eine Rede halten oder an einem Podiumsgespräch teilnehmen, kann sich Ihr Gegenüber auf den Inhalt Ihrer Aussage konzentrieren. Je weniger Ihre Kleidung auffällt, desto mehr zählt Ihre Botschaft.

Sitzen oder stehen Sie auf einem Podium, starrt das Publikum auf Ihre Schuhe. Sie ziehen unwiderstehlich die Blicke der Zuhörerinnen und Zuhörer an. Schuhe, so wird uns seit hundert Jahren gesagt, sagen viel über uns aus. Investieren Sie in Schuhe. Schuhe sind ein Magnet: Zeig mir deine Schuhe und ich sage dir, wer du bist.

Wer oft im Fernsehen auftritt, sollte ein geeignetes Fernsehkostüm in den Kleiderschrank im Büro hängen. So muss man sich in der Vorbereitungsphase des Interviews nicht noch um das Outfit kümmern. Man gewinnt Zeit für die Vorbereitung des Inhalts. Generell gilt: keine fein gestreiften oder eng gemusterten Kleider; sie flimmern in den sensiblen Fernsehkameras.

In den Stylingrichtlinien des Schweizer Fernsehens heißt es: »Vermeiden Sie zu viele Farben, denn sie lenken ab. Ideal sind zwei Farbtöne. Klare Farben wirken am Bildschirm am besten.« Und: »Ein weißes und ein hellblaues Hemd sind nie falsch in einer Männergarderobe.« Und: »Bitte keine Leuchtfarben für Krawatten wählen. Sie lenken die Zuschauer zu stark ab.«

Generation Y: offenes Hemd im Chefbüro

Auch wenn in der Business-Welt zum Teil noch konservative Regeln gelten, auch wenn dort noch eine Armada grauer Mäuse dominiert: Die Globalisierung hinterlässt auch beim Outfit ihre Spuren. Die Gewohnheiten haben sich längst geändert. Viele Führungskräfte haben im Ausland gearbeitet, in Amerika oder Asien. Dort herrschen andere Regeln. Sie sind zum Teil weniger rigide als im alten Europa.

Saloppe Kleidung, Piercings oder gar farbige Haare werden von Jüngeren nicht mehr als außergewöhnlich wahrgenommen. Ein Banker mit offenem weißem Hemd und einem Ohrring ist heute kein Sonderling mehr: Gewöhnt man sich an das Außergewöhnliche, ist es schon bald Teil der Norm.

Die in Führungspositionen hineinwachsende Generation Y könnte bald einmal den rigiden Dresscode, der vor allem noch in der Bankenwelt dominiert, aufweichen. Ihr gehören ehrgeizige, selbstbewusste Junge an, die Geld verdienen und Karriere machen möchten. Sie wollen sich nichts diktieren lassen, schon gar keine Kleidervorschriften. Es sind Junge, die die Wirtschaft braucht und die bald das Büro neben dem klassisch und konservativ gekleideten Herrn Generaldirektor beziehen werden.

Ich fragte Kerstin Bund, die deutsche *Zeit*-Journalistin und Autorin des Kultbuchs *Glück schlägt Geld,* wie sich die »Y-er« denn kleiden.

»Wie die Kleiderordnung der Zukunft aussehen könnte, lässt sich an den Start-up-Gründern des Silicon Valley studieren, die vorzugsweise in Hoodies, Jeans und Turnschuhen auftreten. Der Anzug ohne Krawatte hat sich, mal abgesehen von den Bankern, Beratern und Versicherungsleuten, ja heute schon in vielen Branchen durchgesetzt. Der Dresscode wird legerer, genau wie die Umgangsformen. Das Duzen ist innerhalb meiner Alterskohorte heute eine Selbstverständlichkeit und man geht auch mit Schwiegerel-

tern, Arbeitskollegen und Vorgesetzten schneller zum Du über als
noch die Generation unserer Eltern.«

Doch auch bei den »Y-ern« gebe es ab und zu eine Rückbesin-
nung auf traditionelle Werte, sagt Kerstin Bund. »Zum Abiturball
gehen die Absolventinnen heute in Abendkleid und mit Hoch-
steckfrisur, die jungen Männer heiraten wieder bevorzugt im Smo-
king, und in der Münchner Oper zeigt sich auch die Jugend in
gehobener Abendgarderobe. Vielleicht ist das ein ganz natürliches
Phänomen: Je legerer es im Alltag zugeht, desto mehr legen auch
die jungen Leute wert, sich für besondere Anlässe besonders schick
zu machen.«

Renaissance der Krawatte?

Die Kleidung lässt heute nicht mehr den direkten Rückschluss auf
Berufsgruppe oder Gesellschaftsschicht zu. Längst ist man kein
Spießer mehr, wenn man eine Krawatte trägt. Und man gehört
nicht zwangsläufig zur Kreativ- oder Alternativszene, wenn man
mit offenem Hemd auftritt.

Krawatten spiegeln schon lange nicht mehr den Zeitgeist, wie
es früher hieß. Sie sind auch kein Abbild der Gesellschaft und ihrer
Normen mehr. Ebenso wenig deuten sie heute auf hierarchische
Stellungen hin. Wer eine Krawatte tragen will, der soll es tun. Wer
nicht, lässt sie eben weg.

In Parlamenten trägt man – mehrheitlich – Krawatte. Natürlich sind es manche Linke und Grüne ihren Wählern schuldig, auf
die Krawatte zu verzichten. Anderseits setzen gerade Junge wieder
den Strick um den Hals als modisches Accessoire ein. Gibt es eine
Renaissance der Krawatte? In Italien treffen selbst die millionen-
schweren Fußballer piekfein mit Krawatte im Stadio San Siro oder
im Juventus-Stadium ein.

Entscheidend ist also nicht, ob mit oder ohne Krawatte. Entscheidend ist: welche Krawatte. Gerade hier manifestieren sich

schreckliche Geschmacksverirrungen. Ob lustige Krawatten, bedruckt mit Kühen, Smileys, Alphornbläsern, Seehunden, Regenschirmen, Schnecken oder Trickfilmfiguren zum guten Geschmack gehören, sollen andere entscheiden. Sicher ist: Wer mit einer solchen Krawatte auftritt, hat kaum eine Chance, dass ihm jemand zuhört.

Jede Firma hat ihre Hausregeln und ihre gängige Praxis. Die UBS schreibt ihren Mitarbeitenden eine Krawatte mit Windsor-Knoten vor. Andere große Unternehmen haben den Krawattenzwang gelockert. Der Trend läuft in diese Richtung. Doch im Kundengeschäft der Banken und Versicherungen ist Krawatte meist noch Pflicht. Und ein Klub internationaler Investoren in London lehnt es noch immer ab, Männern ohne Krawatte Einlass zu gewähren.

Für Gesprächsstoff sorgten der griechische Ministerpräsident und sein Finanzminister, die auf dem internationalen Parkett demonstrativ ohne Krawatte auftraten. Da stand der britische Schatzkanzler, edel und very British gekleidet, neben dem griechischen Finanzminister. Dieser trat in offenem Hemd auf, die Hände in den Hosentaschen. Die Botschaft war: Ich passe mich nicht an, ich unterwerfe mich nicht eurem Diktat, ihr werdet hart an uns zu beißen haben.

Eigentlich erstaunlich, dass man in der heutigen Zeit noch zu solchen Kommunikationsmitteln greift. Doch man tut es, weil das Outfit in gewissen Situationen eben doch noch das Potenzial zur Provokation birgt.

Zurück zur Frage: Krawatte oder nicht? Seien Sie nicht der Einzige, der eine Krawatte trägt – und seien sie nicht der Einzige, der *keine* trägt.

Die Schlange von Madame Albright

Schmuck gibt zu Diskussionen Anlass und lenkt ab. Die TV-Moderatorinnen werden dazu angehalten, wenig Schmuck zu tragen.

Ich hatte jeweils einen Ring mit einem dunklen Stein am Finger. Wie oft habe ich Mails erhalten, in denen ich nach diesem Ring gefragt wurde. – Hat man mir auch zugehört?

Die frühere amerikanische Außenministerin Madeleine Albright war bekannt für ihre »Broschen-Diplomatie«. Als sie einst von der irakischen Presse mit einer Schlange verglichen wurde, glänzte beim nächsten Treffen mit Minister Tariq Aziz eine goldene Anstecknadel in der Form eben dieses Reptils an ihrem Revers. Ihre Broschen sind Kult geworden; sie sollten eine zusätzliche Botschaft zum Gesprächsinhalt ausdrücken. Allerlei Getier, Spinnen, Friedenstauben, eine Wespe mit Stachel oder Blumenbroschen steckte sie an. Resultat: Alle starrten auf die Brosche und versuchten, die diplomatische Botschaft zu entziffern. »Brooching it diplomatically«, so nannte 1997 das US-Magazin *Time* diese Politik der Symbole.

Symbole haben eine starke Wirkung. Das weiß auch ein Rotarier und Stiftungsmitglied, dem die Bekämpfung des Hungers in der Welt ein wichtiges Anliegen ist. Spricht er vor Medien über dieses Thema, entfernt er das Rotarier-Abzeichen von seinem Revers. »Niemand würde mir ein Wort glauben, wenn ich mit dem Rotarier-Symbol aufträte«, sagt er.

To take away

- Je auffälliger Sie gekleidet sind, desto weniger hört man Ihnen zu.
- Dezente, dunkle, edle Kleidung kommt in der Business-Welt am besten an.
- Verzichten Sie auf auffälligen Schmuck.
- Die Generation Y weicht die rigiden Kleidervorschriften auf.
- Ein offenes Hemd im Chefbüro ist kein Vergehen mehr.

Nonverbale Kommunikation: Die Körperhaltung
Wer gebückt ans Rednerpult schleicht ...

Aus der Körperhaltung läßt sich viel ablesen. Die Art, wie man sich bewegt, sagt mehr aus als viele Worte. Wer gebückt ans Rednerpult schleicht, hat schon verloren. Auch wer griesgrämig zum Podium stapft, erhält subito die Quittung. Man schaut nicht gern gestressten, unfreundlichen und unnahbaren Menschen ins Gesicht. Je unglücklicher jemand wirkt, desto unglücklicher ist das Publikum mit seinem Auftritt.

Wir wissen: Der allererste Eindruck zählt. Schreiten Sie locker, bestimmt und ohne Show zum Rednerpult. Denn das Publikum bildet sich schon eine Meinung, bevor Sie auf der Bühne angekommen sind. Blicken Sie freundlich einige Sekunden in die Runde, bevor Sie Ihre Rede beginnen.

Es gibt Redner, die auf die Rednertribüne springen und signalisieren: »Wow, da bin ich, wie toll und dynamisch ich doch bin!« In den USA kommt ein solcher Auftakt besser an als in Europa.

Politiker müssen zeigen, dass sie dynamisch sind. Sobald eine Kamera läuft, fuchtelt Nicolas Sarkozy mit den Händen und spricht vor sich hin. Ganz nach dem Motto: Wer spricht, der führt. Auch wenn niemand zuhört. Betrat Bill Clinton einen Konferenzsaal, schaute er stets nach oben und winkte jemandem zu. Doch er winkte ins Leere. Oben war gar niemand. Doch das sah man nicht.

Seien Sie sich selbst. Treten Sie auf, so wie Sie sind. Studieren Sie keine Gesten und keine Mimik ein. Das wirkt aufgesetzt und unnatürlich. Demonstrieren Sie Selbstbewusstsein: Ich zeige mich, wie ich bin. Ich will kein anderer, keine andere sein. Ich bin kein Schauspieler, der eine Rolle übernimmt.

Füße auf dem Boden: mehr Energie
Wenn möglich: *Stehen* Sie vor das Publikum. Stehen wirkt dynamischer als Sitzen. Stehen Sie aufrecht. Heben Sie das Brustbein und richten Sie den Oberkörper auf. Das hilft nicht nur der Atmung, das hat auch Einfluss auf Ihr Selbstwertgefühl. Strecken Sie die Wirbelsäule. Denken Sie an ein Puppentheater. Man befestigt einen Faden an Ihrem Scheitelpunkt und zieht von oben daran. Lassen Sie sich an diesem Faden fallen. Der Kopf sinkt ganz leicht nach vorn, das Kinn senkt sich. Die Wirbelsäule wird gestreckt. Ziehen Sie sich wieder leicht hoch. So bauen Sie eine große Präsenz auf.

Wer mit den Füßen fest auf dem Boden steht, spricht resoluter und hat mehr Energie. Hier haben Frauen – wieder einmal – einen Nachteil. Männerschuhe haben nun mal eine bessere Bodenhaftung als zierliche Frauenschuhe.

Früher moderierten die Moderatorinnen und Moderatoren die Tagesschau im Sitzen. Dann, nach dem Studio-Umbau, begannen wir zu stehen. Die Präsenz ist viel größer.

- Vermeiden Sie eine gebeugte Haltung.
- Stützen Sie sich nicht mit dem Oberkörper auf das Rednerpult.
- Legen Sie die Hände locker aufs Rednerpult.
- Beugen Sie sich nicht zum Mikrofon hin.
- Wenn Sie frei sprechen können, gehen Sie auf der Bühne einige Schritte hin und her (mit einem Mikrofon in der Hand oder einem am Revers befestigten Funkmikro).
- Wenn Sie sitzen, achten Sie auf Ihre Körperhaltung.

- Suchen Sie Blickkontakt mit den Menschen, die Sie vor sich haben.

Kleine Gesten, große Wirkung

Gesten sind aussagekräftig: ein Schmunzeln, eine Handbewegung, ein Aufatmen, ein Hervorstrecken des Kinns, ein Zwinkern. Setzen Sie die Körpersprache gezielt ein. Sie können damit viel erreichen. Mimik und Gestik sind wichtige Kommunikationsinstrumente.

Als Angela Merkel und Nicolas Sarkozy im Oktober 2011 an einem EU-Treffen den italienischen Ministerpräsidenten Silvio Berlusconi wegschmunzelten, wurde das zur Staatsaffäre. Ein kurzes Lächeln sagte alles. Berlusconi fühlt sich noch heute verletzt.

Der italienische Premier Matteo Renzi hatte während seines ersten Auftritts im ehrwürdigen italienischen Senat immer wieder die Hände in den Hosentaschen. »Ist das eine Verletzung des Protokolls?«, fragte die Zeitung *La Nazione*. Renzi machte deutlich: Ich halte gar nichts vom Senat, deshalb schaffe ich ihn ab.

Im Kanton Bern leitete ich ein Podiumsgespräch. Ein Teilnehmer griff einen anderen forsch und aggressiv verbal an. Der attackierte Teilnehmer lehnte sich lässig in seinem Sessel zurück. Die Botschaft war: Immer die gleiche Leier, oh Gott, fällt Ihnen nicht endlich etwas Gescheiteres ein?

Magnus Carlsen, der norwegische Schachweltmeister, gähnte während den Partien immer wieder und trieb den Gegner damit zur Weißglut. Seine Botschaft: Dich mache ich auch im Schlaf fertig. Und er reüssierte.

Hintertreppenpsychologie

Lehrbücher erinnern immer wieder an altbekannte No-Gos.
- Verschränkte Arme: »Ich fühle mich bedroht.«
- Verschränkte Beine: »Ich fühle mich unsicher.«

- Wer sich ständig die Haare aus dem Gesicht streicht, wirkt nervös.
- Wer ständig seine Krawatte richtet oder an seiner Kleidung zupft, signalisiert: »Ich bin unsicher, verlegen.«
- Die Finger am Mund: »Ich bin unsicher.«
- Wer in einer Sitzung die Tischplatte anstarrt: »Ich bin unsicher, was soll ich jetzt machen?«
- Hinter dem Kopf verschränkte Arme: »Ich möchte ein Pfau sein, bin aber keiner. Wieso nimmt mich niemand ernst?«.
- Zurücklehnen im Stuhl: »Das interessiert mich alles nicht.«
- Abstützen des Kopfs mit den Händen: »Ich langweile mich.«

Diese simplen Deutungen mögen ab und zu richtig sein. Doch Vorsicht vor Fehlinterpretationen! Jemand, der sich im Stuhl zurücklehnt, nimmt vielleicht nur wirkungsvoll Anlauf für die nächste Attacke. Und eventuell ist jemand, der die Arme verschränkt, nicht unsicher, sondern fühlt sich einfach nur bequem so.

Während eines lauten Streitgesprächs verschränkte ein Politiker die Arme und sagte: »So, jetzt hören Sie mal zu. Was Sie da erzählen, ist kompletter Unsinn. Ihre Argumente kann ich in keiner Weise nachvollziehen.« Der Politiker fühlte sich nicht unsicher. Die verschränkten Arme machten deutlich, dass die Argumente an ihm abprallen.

Wichtig ist, dass man bei der Beurteilung der nonverbalen Kommunikation nicht nur auf ein einziges Merkmal achtet. Die gesamte Erscheinung und Verhaltensweise ist für eine Interpretation entscheidend.

Doch schon Schulkinder kennen diese Hintertreppenpsychologie. Deshalb müssen wir uns bewusst sein, dass viele Menschen uns danach beurteilen. Habe ich die Beine übereinandergeschlagen, denken viele: Aha, die ist unsicher – auch wenn ich es absolut nicht bin.

Machen Sie einmal einen Selbst-Check: Lassen Sie sich filmen, wenn Sie reden. Schauen Sie sich beim Sprechen zu. Welche Gesten setzen Sie ein? Zu viele, zu wenige? Störende? Akzentuieren Sie das Gesagte mit natürlicher Gestik und Mimik? Könnten Sie da zulegen?

Alles beginnt mit Kennedy und Nixon

Mit dem Aufkommen des Fernsehens ist die Bedeutung des Nonverbalen ins Bewusstsein gelangt: 1960 finden in den USA Präsidentschaftswahlen statt. Der junge John F. Kennedy kandidiert gegen den älteren Richard Nixon. Kennedy bereitet sich wochenlang auf den Schlagabtausch vor. Nicht nur inhaltlich. Er übt, wie er sich bewegen soll. Was mit den Händen tun? Welche Mimik aufsetzen, wie schnell sprechen? Was anziehen? Man rät ihm zu einem leichten, dunklen Veston, der sich vor dem Hintergrund leicht abhebt.

Geleitet wird das Duell am 26. September 1960 von Don Hewitt vom Fernsehsender CBS. Hewitt berichtet später, dass Kennedys Team das Studio lange vor der Sendung inspizierte. Auch Kennedy selbst macht sich mit dem Ort des Geschehens vertraut. Um noch jünger und noch frischer auszusehen, bräunt er sich drei Wochen lang in der Septembersonne. Nixon dagegen ist halb krank. Bis kurz vor dem Auftritt eilt er als Wahlkämpfer durchs Land. Abgekämpft kommt er ins Studio. Er ist schlecht oder gar nicht geschminkt. Sein Kittel passt nicht zum Hintergrund. Er schwitzt heftig. Mit einem Taschentuch wischt er sich den Schweiß von der Stirn.

Im Gegensatz dazu wirkt Kennedy ruhig und kontrolliert, »cool-a-cucumber«, schrieb damals die Nachrichtenagentur *Associated Press*. Nixon überzeugt mit seinen Worten, Kennedy nonverbal. Das Ergebnis ist bekannt: Wer Fernsehen schaute, gab in ersten Meinungsumfragen Kennedy den Sieg; wer Radio hörte, sah

Nixon als Sieger. Da erstmals Millionen Amerikaner ein Wahlkampfduell im Fernsehen verfolgten, schwang Kennedy obenauf. Er wurde gewählt.

Auf einen Schlag wird klar, dass die nonverbale Kommunikation einen enormen Stellenwert besitzt. Das Fernsehduell ist die eigentliche Geburtsstunde für einen neuen Beruf: jenen des Coaches. Schnell hat man erkannt, dass das Nonverbale nicht nur am Bildschirm eine überragende Bedeutung hat, sondern auch bei Auftritten in Sälen, auf Podien oder in Sitzungen.

To take away

- Schreiten Sie bestimmten Schrittes ans Rednerpult.
- Das Publikum hat sich eine Meinung gebildet, bevor Sie den Mund aufmachen.
- Wenn Sie eine Rede halten: Stehen ist besser als sitzen.
- Seien Sie sich selbst, üben Sie keine Gesten ein.
- Achten Sie darauf, dass Ihnen die Haare nicht ins Gesicht fallen.
- Seien Sie vorsichtig, wenn Sie die Körpersprache anderer interpretieren.
- Lernen Sie Ihre eigene Körpersprache kennen und setzen Sie sie bewusst ein.

Die Stimme
»Lieber eine krumme Nase ...«

Eine Stimme kann Wunder vollbringen. Sie entscheidet mit, ob Sie Erfolg haben. Mit Ihrer Stimme werden Sie klassiert. »Lieber eine krumme Nase als eine schlechte Stimme«, sagt man im Fernsehen. Eine gute Stimme ist ein Geschenk Gottes.

Die Stimme ist eines der wichtigsten Merkmale Ihrer Persönlichkeit. Sie macht Sie einzigartig. Sie gehört zu Ihnen wie Ihre Augenfarbe. Die Stimme weckt Sympathien oder Antipathien. Eine unangenehme Stimme verschließt die Ohren, und zwar sofort. Mit einer angenehmen Stimme können Sie überzeugen, aufmuntern, anfeuern – begeistern, berühren und verführen.

»Die Stimme eines Menschen bewirkt, dass wir Lust darauf bekommen, mehr mit ihm zu tun zu haben«, schreibt die Stimm- und Sprechtrainerin Monika Hein. »Dass wir neugierig darauf sind, diesen Menschen näher kennenzulernen.« Oder umgekehrt: »Auf keinen Fall mit der oder dem ins Theater.«

Wie gut kennen Sie Ihre Stimme? Die meisten Menschen kennen sie nicht und sind sich ihrer Bedeutung nicht bewusst.

Es ist seltsam: Wir bilden uns weiter, Fortbildung überall, hier ein Diplom, da noch ein Fachtitel. Wir legen Wert auf perfektes Äußeres, auf tadellose Kleidung. Doch wir verwenden kaum Aufmerksamkeit auf unsere Stimme – sie, die wesentlich mitentscheidet, ob wir überzeugen können. Wir alle glauben eben, die Stimme sei uns, so wie sie ist, von der Natur gegeben.

Natürlich kann man sich auch ohne Sprechtraining durchsetzen und andere überzeugen. Doch wer gelernt hat, die Stimme richtig einzusetzen, sie dem Gegenüber und der Situation anzupassen, kann gezielter überzeugen. Die Stimme ist ein wirkungsvolles Kommunikationsinstrument. In vielen von uns schlummert in punkto Stimme ein Potenzial, das nicht voll ausgeschöpft ist.

Ich kenne Menschen, die sagen: »Meine Stimme, das bin ich, ich will authentisch bleiben und nicht ein anderer werden.« Oft ist das ein Vorwand, weil man die Mühe scheut, an der Stimme und der Sprechweise zu arbeiten. Kein Sprecherzieher will, dass Sprechende ihre Authentizität verlieren, es geht vielmehr darum, sie zu erweitern. Ziel ist es, dass die Inhalte ankommen, dass das Gegenüber interessiert und aufmerksam zuhört.

Männer hinter dem Vorhang
Kennen Sie das Blind-Date-Experiment? Hinter einem Vorhang sitzen fünf Männer. Vor dem Vorhang warten fünf Frauen. Sie haben die Männer noch nie gesehen. Die Frauen müssen auswählen, mit welchem der fünf Männer sie heute Abend ausgehen möchten. Dazu lesen die fünf Männer eine kurze Geschichte vor. Die Frauen entscheiden einzig aufgrund der Stimme. Das Ergebnis: Drei der fünf Männer fallen bei allen Frauen durch.

Was entscheidet darüber, ob eine Stimme sympathisch oder unsympathisch wirkt? Die zwei Glücklichen hinter dem Vorhang haben beide eine recht tiefe, klangvolle Stimme. Das strahlt Autorität und Objektivität aus. Solche Stimmen sind »vertrauenserweckend und glaubwürdig«, schreibt der Sprechwissenschaftler Hellmut K. Geissner.

»Vermännlichung« der Frau?

Männer verfügen über längere und dickere Stimmlippen. Sie schwingen langsamer, deshalb produzieren sie tiefere Töne. Die Sprechgrundfrequenz liegt bei Männern etwa bei 130 Hertz. Bei Frauen liegt sie bei ungefähr 240 Hertz. Ist jemand nervös oder aufgeregt, steigt die Frequenz an. Das gilt für beide Geschlechter. Für Frauen, die eine hohe Stimme haben, wird das zum Problem. Hohe, dünne, gepresste Stimmen kommen nicht an.

Frauen wurden deshalb lange Zeit als trivial, emotional und wenig ernsthaft eingestuft. »Vielfach schreibt man Frauen auch aufgrund ihrer Stimmen wenig Status zu«, schreibt Edith Slembek. Carol Ann Valentine und Banisa Saint Damian stellten noch 1988 fest: »Die Leute wollen keine Frauenstimmen, wenn es um ernsthafte Dinge geht.« In manchen Ländern durften Frauen lange Zeit nicht Nachrichtensprecherinnen werden, »weil man ihnen nicht abnehme, dass ein Krieg ausgebrochen sei«, so Heidemarie Schumacher in *Magazine audiovisuell.*

Erst 1976 trat in der ARD-Tagesschau die erste Nachrichtensprecherin auf. In der Schweiz wurde die Tagesschau erstmals 1980 von einer Frau präsentiert.

Generell sei »eine Tendenz zum allmählichen Tieferwerden der durchschnittlichen Stimmhöhen« eingetreten – sowohl bei Männern als auch bei Frauen. Dies stellte die Sprachwissenschaftlerin Liselotte Herbst schon Mitte der 1960er Jahre fest. Gottfried Arnold ging noch weiter. Er sprach von einer »Vermännlichung der Frau«.

»Viele Frauenstimmen haben«, so Edith Slembek, die auch beim Schweizer Fernsehen lehrte, »große gemeinsame Bereiche mit den männlichen Registern.« Immer mehr Frauen mit tiefen Stimmen moderieren heute Nachrichtensendungen oder sind als Reporterinnen oder Journalistinnen unterwegs. Zum einen, sagt Slembek, weil Männer es seien, die die Frauen aussuchten – nämlich diejenigen mit tiefen Stimmen. Zu hören seien in Informationssendungen vor allem »virilisierende, auf möglichst viele maskuline Elemente verweisende Frauenstimmen«.

Zum anderen sprechen auch Politikerinnen heute mit tieferen Stimmen. Vergleicht man eine Nationalratsdebatte von Mitte der 1970er Jahre mit heute, so ist diese Tendenz offensichtlich. Ebenso, wenn man Frauenstimmen in Filmen aus den 1940er oder 1950er Jahren mit denen in heutigen Filmen vergleicht. Auch in Werbespots haben Frauen heute tiefere Stimmen.

Ein Grund für die tieferen Frauenstimmen mag auch darin liegen, dass Frauen heute ein anderes Selbstbewusstsein haben. Wenn früher eine Frau ans Rednerpult trat, wusste sie insgeheim: Mich nimmt sowieso keiner ernst. Nervosität und eine erhöhte Stimmfrequenz waren die Folge. Heute sind Frauen in der Politik und hoffentlich bald auch in der Wirtschaft akzeptiert und breit vertreten. Das führt zu mehr Gelassenheit und zu entspannten, tieferen Stimmen.

Das heißt nicht, dass Frauen ihre Stimmqualität nicht noch verbessern könnten. Edith Slembek erklärt, dass sie mit vielen Akademikerinnen gearbeitet und immer wieder festgestellt habe, »dass viele Frauen ihre Mädchenstimme auch als Erwachsene beibehalten«.

Wir können nicht mehr atmen

Stimmhöhe und -qualität sind wesentlich mit der Atmung verbunden. Viele Erwachsene haben das richtige Atmen verlernt. Wir pumpen den Brustkorb mit Luft voll. Das bedeutet, dass der Thorax gespreizt werden muss, was wiederum Stress für den Körper zur Folge hat. Schließlich wird der Kehlkopf nach oben getrieben. Das Ergebnis ist eine angespannte, überhöhte Stimme.

Beim natürlichen Atmen zieht der Einatemstrom das Zwerchfell nach unten und zieht die Lungenspitzen mit – dadurch füllt sich die Lunge mit Sauerstoff. Äußeres Zeichen: Der Bauchumfang nimmt zu, weil die Organe nach unten gedrückt werden. Umgangssprachlich spricht man daher von Bauchatmung. Genau genommen spürt man den Einatemstrom aber um die ganze Gürtellinie herum bis hin zur Wirbelsäule.

»Probieren Sie die ›Bauch‹-Atmung«, empfiehlt Edith Slembek. »Wenn Sie nicht genau wissen, wie Sie atmen, dann machen Sie folgende Übung: Legen Sie sich auf den Bauch, ein Arm liegt am Körper an, der andere ist abgewinkelt, die Hand greift in die Seite – Daumen in Richtung Taille. Beobachten Sie nun Ihre Atmung. Spüren Sie, wie die Taille und der Bauchraum sich weiten, der Brustkorb sich aber kaum bewegt. Sie sind nun in Ihrer natürlichen Atmung. Beim Ausatmen spüren Sie, wie Taille und Bauchraum sich wieder einengen. Sie können die natürliche Atmung auch spüren, wenn Sie am Morgen gerade aufgewacht sind und nicht gleich aus dem Bett springen müssen. Im Schlaf stellt sich die natürliche Atmung von selbst ein. Beobachten Sie daher Ihre Atmung, wenn Sie noch bequem liegen und nichts sie drängt. Nehmen Sie diese Art zu atmen mit hinüber in Ihren Alltag und vor allem in Situationen, in denen Sie reden müssen.«

Atmen Sie vor Ihrem Auftritt ein und langsam und lange ganz aus. Zählen Sie lautlos bis zwölf. Diese Tiefenatmung bewirkt, dass Sie ausgeglichen sind, und das überträgt sich auf die Stimme. Sie sinkt dann auf die sogenannte Indifferenzlage. Vor jedem Auftritt in der Tagesschau machte ich einige Atemübungen, die mir Edith Slembek empfohlen hatte. Sie halfen mir, ruhig vor die Kamera zu treten.

»Zustand des inneren Friedens«

Atmen Sie ein (Hand zur Kontrolle auf den Bauch oder in die Seite legen), öffnen Sie die Lippen leicht, atmen Sie langsam aus und summen sie ein »Mmm« oder ein »Www« vor sich hin. Das Summen spüren Sie auf der Höhe des Brustbeins – das ist Ihre Anfangstonhöhe.

Wenn ich in meinen Trainings Atemübungen ankündige, reagieren viele im ersten Moment mit einem müden Lächeln. Vor allem Männer genieren sich und klopfen erst mal einen Spruch. Die Atmung wird unterschätzt, alle glauben, richtig zu atmen. Korrektes Atmen baut Stresssituationen ab. Es hilft gegen Lampenfieber, Blackouts und kalte Füße. Der Stoffwechsel wird angeregt. Wer richtig und ruhig atmet, befindet sich – so sagte mir eine Therapeutin – in einem »Zustand des inneren Friedens«. Atemtherapeutinnen haben jetzt in der Schweiz staatliche Anerkennung gefunden.

Beeinflusst wird Ihre Stimme auch dadurch, ob Sie sitzen, stehen oder liegen. Stehen Sie, wirkt Ihre Stimme am sichersten – selbst beim Telefonieren. Also: Stehen Sie auf, wenn Sie jemanden anrufen. Und: Gestikulieren Sie beim Telefonieren, Ihre Stimme wird interessanter, fester, überzeugender – und Ihr Sprechfluss wird rhythmischer.

Lernen Sie Ihre Stimme kennen und beobachten Sie deren Wirkung auf andere. Fragen Sie Vertraute, wie Ihre Stimme auf sie wirkt.

»Eine gute, klangvolle Stimme steigert Ihre Wirkung auf andere und hilft, das Interesse an Ihren Inhalten bei den Hörenden wachzuhalten«, sagt Edith Slembek. Sie werden sicherer und entspannter auftreten. Üben Sie, indem Sie laut sprechen, kontrollieren Sie dabei die Atemführung. Setzen Sie bewusst Pausen – das ist die Zeit um einzuatmen und die Zeit, die Hörende brauchen, um zu verarbeiten, was Sie gerade gesagt haben.

To take away

- Unangenehme Stimmen stoßen ab und verschließen Ohren, sofort.
- Die Stimme ist eines der wichtigsten Kommunikationsinstrumente.
- Mit einer angenehmen Stimme können Sie aufmuntern, anfeuern, begeistern, berühren.
- Die wenigsten kennen ihre eigene Stimme, lernen Sie sie kennen, arbeiten Sie an ihr.

Sprechen
Nuscheln, Grummeln, Brummeln

Die Stimme ist das eine, das Sprechen das andere. Wie viele Leute gibt es, die nuscheln und grummeln, die Laute verschlucken und vor sich hin brummeln, die falsch artikulieren, keine Struktur in der Sprechweise haben, falsche Pausen setzen, falsch intonieren, einschläfernd ihren Text hersagen.

Lesen Sie einen Artikel in ein Aufzeichnungsgerät. Wirkt Ihre Sprechmelodie monoton? Betonen Sie zu viel oder zu wenig? Wirkt die Sprechweise unstrukturiert? Möchten Sie jemandem wie sich selbst länger zuhören? Nur wer sich selbst ab und zu zuhört, verbessert seinen Auftritt.

Die Art und Weise, wie Sie sprechen, bestimmt das Klima im Saal, im Büro oder im Konferenzraum. Wer leiert, überzeugt niemanden. Wer mit dem Text kämpft, verliert jede Autorität.

Halten Sie mit Ihrer Sprechweise das Publikum auf Trab! Das Repertoire ist groß: Variieren Sie! Sprechen Sie mal schneller, mal langsamer, mal leiser, mal lauter, mal leidenschaftlich, mal trocken. Setzen Sie Pausen vor einem Wort oder nach einem Punkt.

Wenn Sie eine Rede halten und Ihr Text spannend und dramaturgisch fesselnd aufgebaut ist, wird auch Ihre Sprechweise überzeugen. Wer aber ein langweiliges Manuskript vor sich hat, wird Mühe haben, Spannung zu erzeugen.

Sprechen Sie auf den Punkt

Der Mensch hat die Gewohnheit, nach Kommas die Stimme zu heben. Dann sind die Zuhörer ständig in Erwartung dessen, was noch kommt. Sie haben keine Zeit, das Gesagte zu verarbeiten. Bei Texten mit vielen Kommas wirkt das beklemmend und langweilig.

* *Ich fahre heute in die Stadt, ich schaue mir dann die neuesten Handys an, vielleicht werde ich auch eins kaufen, vielleicht jenes, das mir mein Freund empfohlen hat, das gefällt mir ganz besonders.*

Sind die Sätze mit Punkten geschrieben, tragen Sie sie ganz anders vor:

* *Ich fahre heute in die Stadt. Ich schaue mir die neuesten Handys an. Vielleicht werde ich auch eins kaufen. Vielleicht jenes, das mir mein Freund empfohlen hat. Das gefällt mir ganz besonders.*

Bei der Version mit Punkten sollte die Satzmelodie bei den Punkten herunterkommen. Danach folgt eine kurze Pause. Ein Text mit Punkten wirkt verständlicher, strukturierter und weniger langweilig als ein Text mit Kommas.

Und bei Fragen: Wir haben in der Schule gelernt, dass bei Fragesätzen die Melodie am Schluss nach oben geht: »Kommst du heute mit mir ins Kino?« Auch das wirkt auf die Dauer ermüdend. Achten Sie darauf, dass Sie nicht bei jeder Frage am Ende die Satzmelodie nach oben führen.

Viele Redner, vor allem jene, die nervös sind, steigen mit einer zu hohen Stimme in den Beginn des Satzes ein. Das führt zu einer gepressten Satzmelodie. Beginnen Sie die Sätze mit Ihrer normalen Indifferenz-Stimmlage. Innerhalb des Satzes können Sie dann variieren.

Gefährliche Pausen

Pausen sind da, um gehörte Satzteile verarbeiten zu können. Doch Pausen sind gefährlich. Achten Sie darauf, dass die Spannung nicht abfällt. Vermeiden Sie Pausen, die länger als zwei, drei Sekunden sind. Pausen vor einem Wort oder einem Ausdruck, die sogenannten Staupausen, erhöhen die Aufmerksamkeit, sollten aber nicht allzu häufig eingesetzt werden. Schauen Sie während der Pausen Ihr Gegenüber an. Ihr Körper sollte ausstrahlen, dass es sofort weitergeht.

Schreihälse kommen nicht an

Sprechen Sie nicht zu laut. Noch immer gibt es Leute, die glauben, sie würden mit einer lauten Stimme Autorität gewinnen. Das Gegenteil ist der Fall. Ein militärischer Ton erzeugt keine Autorität, sondern Antipathie. Argumente werden nicht besser, wenn sie laut vorgetragen werden.

In bestimmten Berufen und Kreisen eignen sich die Menschen eine typische Sprechweise an. Ich hatte einen jungen Polizisten im Training, einen sympathischen Mann mit einer natürlichen, angenehmen Stimme. In den Aufzeichnungen, die wir machten, war er jedoch wie verwandelt. Plötzlich sprach er in zackigem, aufgesetztem Polizeijargon. Und ebenso plötzlich wirkte der sympathische Mann unsympathisch und unglaubwürdig. Als er sich selbst hörte, erschrak er. Er habe nicht realisiert, wie sehr er sich vom allgemein geltenden Ton seiner Umgebung beeinflussen ließ, gestand er. Eine Erkenntnis, die ihm zu schaffen machte.

Wie schnell sprechen Sie?

Wer zu schnell spricht, gilt als nervös und wird nicht verstanden. Wer zu langsam spricht, wirkt ätzend und einförmig. Welche Sprechgeschwindigkeit ist angemessen?

Sprechen Sie die ersten Sätze nicht allzu schnell: Starten Sie Ihre Rede nicht wie eine Rakete. Die Erfahrung zeigt, dass am

Anfang einer Rede oder eines Interviews am meisten Versprecher geschehen. Viele aufgezeichnete Interviews müssen gleich am Anfang abgebrochen und wiederholt werden.

Weshalb sprechen Politiker oft schneller als andere Redner? Weil sie gestanzte Antworten von sich geben: Formulierungen, die in ihrem Kopf gespeichert sind und die sie schon mehrmals geäußert haben. Sie spulen ein bekanntes Repertoire ab.

Wer aber einen Text »lebt« und mitdenkt, spricht langsamer – dafür verständlicher. Ein »gelebter« Vortrag enthält Pausen vor oder nach Wörtern oder Satzteilen. Das erhöht die Aufmerksamkeit und fördert das Verständnis.

Auch bei der Sprechgeschwindigkeit gibt es kulturelle Unterschiede: Drei Sprachwissenschaftler der Universität Lyon haben sieben Sprachen untersucht und dabei festgestellt, dass das Sprechtempo (in Silben pro Sekunde) unterschiedlich ist. Deutsch wird im Vergleich zu anderen Sprachen nicht allzu schnell gesprochen. Hier die Resultate gemäß *Revue Language* 3/2011:

1. Japanisch (7,84)
2. Spanisch (7,82)
3. Französisch (7,18)
4. Italienisch (6,99)
5. Englisch (6,19)
6. Deutsch (5,97)
7. Mandarin (5,18).

Die Sprechgeschwindigkeit wird auch in Silben pro Minute oder in Wörtern pro Minute gemessen. Allgemein gilt: Die normale Sprechgeschwindigkeit im Deutschen beträgt 350 Silben pro Minute.

Neigen Sie zu schnellem oder langsamem Sprechen? Der folgende Text aus der *Neuen Zürcher Zeitung* enthält 350 Silben. Wenn Sie ihn – laut und deutlich lesend – in weniger als einer

Minute bewältigen, neigen Sie zu schnellem Sprechen. Brauchen Sie mehr als eine Minute dafür, sind Sie ein langsamer Sprecher bzw. eine langsame Sprecherin.

»Frankreichs Präsident François Hollande bleibt auch bezüglich seines an die Öffentlichkeit gezerrten Privatlebens sehr vage, undurchsichtig und abwartend. Entgegen dem Drängen seiner Berater hat er vier Tage verstreichen lassen, ohne Aufschluss über eine angebliche Liebesbeziehung zu einer Schauspielerin zu geben. Immerhin räumte er anlässlich einer Pressekonferenz Beziehungsprobleme und schwierige Momente ein. Auf die Frage eines Journalisten, ob seine bisherige Lebensgefährtin Valérie Trierweiler weiterhin als »Première Dame« zu betrachten sei, wich der Staatschef am Dienstag aus. Erst vor dem Staatsbesuch in die USA will der Gebieter im Elyséepalast ein klärendes Wort abgeben.

Selbst altgediente französische Journalisten können sich nicht an einen vergleichbaren Medienanlass erinnern: Geplant war die Offenlegung eines wirtschaftlichen Reformkurses, der die noch junge, aber schon ziemlich verpatzte Präsidentschaft Hollandes retten sollte.

Das Bekenntnis zur Sozialdemokratie macht in Frankreich Schlagzeilen. Der Ausdruck »Social-democrate«, den der Präsident anlässlich einer Medienkonferenz verwendete, wird hierzulande in erster Linie mit Parteien in Deutschland oder nordeuropäischen Staaten in Verbindung gebracht.«

Dialekt ist ein Kulturgut

Deklamieren Sie nicht, rezitieren Sie nicht. Sie sind nicht im Theater und nicht in der Kirche. Sie sind kein Pfarrer und nicht Wilhelm Tell. Sprechen Sie natürlich. Singen Sie nicht. Sachliches Sprechen wirkt am glaubwürdigsten.

Dialektfärbung stört weniger als gekünsteltes, gestelztes, norddeutsches Bühnendeutsch. Wenn ein Nationalrat aus der Schweizer Provinz plötzlich »Honich«, »Könich« und »einstimmich« sagt – na ja. Lieber ein gerolltes Emmentaler »R« als ein falsch und aufgesetzt klingendes französisches »R«. Dialekt ist ein Kulturgut.

To take away

- Variieren Sie Ihre Sprechweise: schnell, langsam, laut, leise.
- Lautes, militärisches Sprechen schafft Aversionen.
- Steigen Sie nicht mit zu hoher Stimme in die Sätze ein.
- »Auf Pausen sprechen« will geübt sein.
- Dialektfärbung stört weniger als gestelztes Bühnendeutsch.
- Zeichnen Sie einen selbst gesprochenen Text auf. Möchten Sie Menschen wie sich selbst länger zuhören?

Die Sprache
»Denke kompliziert, sprich einfach«

»Hohe Bildung kann man dadurch beweisen, dass man die kompliziertesten Dinge auf einfache Art zu erläutern versteht.«

George Bernard Shaw

Nicht alle können das. Es werden falsche und absurde Sprachbilder gebraucht, Schachtelsätze mit Nebensätzen dritten Grades, unverständliche Satzkonstruktionen. Sprachschlacken, Worthülsen. Und viel Bluff.

Der deutsche CDU-Politiker Manfred Rommel spottete: »Rhetorik ist die Kunst, Unverständliches so feierlich vortragen zu können, dass jeder einzelne Zuhörer meint, der Nachbar verstehe alles, bloß er selbst sei zu dumm, und damit dies die anderen nicht merken, tue er am besten so, als habe auch er alles verstanden.«

Es gibt Redner, die scheinen zu glauben, sie wirkten ungebildet, wenn sie sich verständlich ausdrückten. Wer einfach redet und verstanden wird, läuft Gefahr, als einfacher Geist zu gelten. Wer aber kompliziert, unverständlich und hochtrabend spricht, gilt zuweilen als Kapazität.

Noch immer glauben einige Professoren, Wissenschaftler oder Sachverständige, sie würden nur mit einer verschachtelten, tiefschürfenden Sprache ernst genommen. Wissenschaft sei eben anspruchsvoll und kompliziert, deshalb könnten wissenschaftliche Themen nicht in einfacher Sprache erörtert werden. Man kann alles Komplizierte einfach erklären. Nehmen Sie die Herausforderung an und bringen Sie Ihre Aussagen auf den Punkt.

Versteht man Sie nicht, ist das nicht der Fehler des Publikums, sondern Ihr eigener. Von Charles Bukowski, dem amerikanischen Schriftsteller, stammt folgendes Bonmot: »An intellectual is a man who says a simple thing in a difficult way; an artist is a man who says a difficult thing in a simple way.« – Seien Sie Artist!

Geschriebene und gesprochene Sprache

Das Publikum im Saal oder vor dem Fernseher ist nicht so aufmerksam, wie es sich die Redner gerne wünschten. Gerade deshalb ist es überfordert, wenn jemand verschlungen und verwickelt spricht.

Die Sprache in Reden, Interviews, Statements muss anderen Regeln folgen als denen der geschriebenen Sprache. Was ist »gesprochene Sprache«?

»Sie hat ihre eigenen Regeln, auch was die grammatikalischen Strukturen betrifft. In gesprochenen Äußerungen sind zahlreiche Konstruktionen zu finden, die in schriftlicher Form als Verstoß gegen die Grammatik (…) gelten würden«, schreibt Felix Bubenheimer auf www.deutschservice.de.

Allerdings gibt es *die* gesprochene Sprache nicht. Es gibt Dutzende Varianten von gesprochener Sprache. Ein PR-Guru spricht anders als ein Anwalt oder ein Pfarrer – und ein Großvater anders als sein Enkel.

Ein Merkmal der gesprochenen Sprache ist, dass die Sätze kürzer als in der geschriebenen Sprache sind. Der Germanist Klaus Bayer verglich die Satzlänge in Vorträgen mit jener der spontanen Alltagssprache. In Vorträgen ermittelte er eine durchschnittliche Satzlänge von 21 Wörtern, bei der spontanen (der gesprochenen) Sprache eine von 14 Wörtern.

Im Vergleich zur geschriebenen Sprache kommt die gesprochene zudem mit deutlich weniger Nebensätzen aus. Aufgrund einer Studie zieht Ulrich Engel den Schluss, dass Nebensätze in der Schriftsprache fünfmal so häufig wie in der gesprochenen Sprache sind. Felix Bubenheimer schreibt, dass Nebensätze in der gesprochenen Sprache nur eine untergeordnete Rolle spielen.

Im Alltag besteht unsere gesprochene Sprache in vielen Fällen nur aus Wortfetzen. Oft passt der Schluss des Satzes nicht mit dem Anfang zusammen. Das Kurzzeitgedächtnis führt dazu, dass wir den Satz immer wieder neu ansetzen. Grammatikalische Fehler sind häufig.

Eine solche gesprochene oder eben spontane Sprache eignet sich jedoch nicht für Auftritte. Wer in einem Vortrag oder einem Interview so spricht, wie ihm oder ihr »der Schnabel gewachsen ist«, gilt als schlampig. Das Nicht-Beachten grammatikalischer Regeln kommt nicht an.

Mediensprache: gepflegt, korrekt, verständlich

Für Auftritte propagiere ich eine spezifische Mediensprache – ein Zwitter aus gesprochener und geschriebener Sprache. Es ist die Sprache von Radio und Fernsehen.

Ziel ist eine gepflegte, grammatikalisch korrekte, aber möglichst verständliche Sprache. Es geht darum, eine Sprechweise zu konstruieren, die es dem Publikum ermöglicht, den Inhalt optimal aufzunehmen.

Von der gesprochenen Sprache übernehmen wir einige Hauptmerkmale:

- kurze Sätze
- das Verb möglichst weit vorne im Satz
- wenige Nebensätze
- aus Nebensätzen Hauptsätze machen.

Wenn es uns gelingt, in einer solchen Sprache vorzutragen, steigt die Verständlichkeit rapide. Diese simple Erkenntnis wird von der Verständlichkeitsforschung seit Jahrzehnten gepredigt. Doch in der Praxis befolgen sie längst nicht alle.

Zwölf Wörter pro Satz

Die deutsche Sprache hat einen gravierenden Nachteil: Das Verb steht meist am Satzende. Man muss alle Informationen im Kopf behalten, bevor man weiß, um was es geht. Das erschwert die Verständlichkeit. Hier ein Beispiel in »geschriebener Sprache«.

- *»Die Europäische Union hat zusammen mit dem Roten Kreuz, dem UNO-Hochkommissariat für das Flüchtlingswesen sowie mit privaten Hilfsorganisationen wie Caritas und dem World Food Program 50 000 Tonnen Mais, 30 000 Tonnen Milchpulver und 40 000 Wolldecken in das vom Taifun Haiyan verwüstete Katastrophengebiet auf den Philippinen geliefert.«*

Das Publikum muss sich zwölf Informationen merken, bevor es erfährt, was Sache ist: dass Hilfe auf die Philippinen geliefert wurde. Je mehr Informationen vor dem Verb stehen, desto unverständlicher wird der Inhalt für die Zuhörer. Zerlegt man jedoch den oben stehenden Satz, wird die Information verständlicher.

- *Die internationale Hilfe für das Katastrophengebiet auf den Philippinen läuft an. An der Aktion beteiligen sich die Europäische Union, das Rote Kreuz und das UNO-Hochkommissariat für das Flüchtlingswesen. Sie haben bereits über 80 000 Tonnen Hilfsgüter in das Gebiet transportiert, das vom Taifun Haiyan verwüstet wurde. Auch private Hilfsorganisationen wie Caritas und das World Food Program beteiligen sich an der Aktion. Geliefert wurden bisher 50 000 Tonnen Mais, 30 000 Tonnen Milchpulver und 40 000 Wolldecken.*

Je kürzer die Sätze, desto einfacher ist es, die zentralen Informationen zu verstehen. Folgender Satz aus der Onlineausgabe der *Neuen Zürcher Zeitung* vom 27. November 2013 wäre mündlich vorgetragen wohl kaum verständlich:

- »*Die multilateralen Verhandlungen im Rahmen der Welthandelsorganisation (WTO) zur Vereinbarung von Handelserleichterungen im Zollbereich, gewissen Anpassungen im Agrarbereich zugunsten von Entwicklungsländern und zur Verabschiedung von Maßnahmen zur Unterstützung der am wenigsten entwickelten Länder (LDC), sind in Genf ohne Einigung zu Ende gegangen.*«

Gesprochen könnte er folgendermaßen lauten:
- *In Genf sind die multilateralen Verhandlungen der Welthandelsorganisation WTO ohne Einigung zu Ende gegangen. Die Gespräche hätten den Entwicklungsländern Handelserleichterungen im Zoll- und Agrarbereich bringen sollen. Geplant gewesen waren auch Maßnahmen zur Unterstützung der sogenannten LDC, also jener Länder, die am wenigsten entwickelt sind.*

Generell ist eine Tendenz zu kürzeren Sätzen festzustellen, sowohl in der geschriebenen als auch in der gesprochenen Sprache.

In der deutschen *Bild*-Zeitung beträgt die durchschnittliche Satzlänge zwölf Wörter. Laut der Deutschen Presse-Agentur (dpa) weisen geschriebene Sätze mit bis zu neun Wörtern »eine optimale Verständlichkeit« auf. Die dpa empfiehlt ihren Journalisten und Autoren, Sätze mit höchstens zwanzig Wörtern zu schreiben. Sätze mit mehr als dreißig Wörtern sind verboten.

Die Sätze in der *gesprochenen* Sprache sind noch kürzer. Der deutsche Linguist und Medienwissenschaftler Erich Straßner gibt sieben bis vierzehn Wörter als Obergrenze für die Verständlichkeit gesprochener Sätze an. Bei der Schweizer Tagesschau gelten zwölf Wörter als ideal.

Zusammengefasst gilt für die gesprochene Sprache:
- Sätze mit bis zu zwölf Wörtern: sehr gut verständlich
- Sätze mit bis zu zwanzig Wörtern: verständlich
- Sätze mit zwischen zwanzig und dreißig Wörtern: knapp verständlich
- Sätze mit mehr als dreißig Wörtern: kaum verständlich.

Dass kurze Sätze verständlicher sind als lange, wussten schon unsere Vorfahren. Trotzdem gibt es – gerade in der Literatur – immer wieder Beispiele von Satzungeheuern. Berühmt ist Thomas Manns Satz mit 347 Wörtern aus *Joseph und seine Brüder*. Oder in Hermann Brochs 1945 erschienenem Roman *Der Tod des Vergil* ist ein Satz mit 1077 Wörtern zu finden. Der griechische Autor Solon soll einen Satz über 300 Zeilen und mit geschätzten 4500 bis 4800 Silben verfasst haben. Bedenkt man, dass die normale Sprechgeschwindigkeit 350 Silben pro Minute beträgt, so würde das Vorlesen eines einzigen Satzes von Solon über zwölf Minuten dauern.

Schrecklicher Management-Speak
Jeder Berufszweig hat seinen eigenen Jargon. Nicht nur mit Kleidern, auch mit der Sprache demonstriert man Zugehörigkeit. In der Geschäftswelt breitet sich der Management-Speak immer mehr aus. Übertreibt man nicht manchmal?
- »Wer seinen USP nicht richtig brandet, pusht bei seiner Community keine ausreichende Awareness.«
- »Wer nicht als Smart Follower schnell genug zu einem neuen Business Model switcht, wird als Underperformer geoutphased.«

- »Ein Hauch von Brainsharing mit dem Customer könnte die Topics, Key Points und Top Issues der High-Level-Performer doch ein wenig easier targeten. So könnten wir einen Standstill am Point of Sale evaden, was stattdessen das Product wieder monetizen würde.«
- »Sei open minded, committe dich und definiere deine Milestones. Nur so kannst du abcashen.«

»Management Speak is the art of saying nothing with as many words as possible in order to get your boss to nod and move along«, umschreibt ein Online-User treffend.

Zudem haben sich im Deutschen Ausdrücke eingebürgert, die bei näherem Hinschauen einfach nur Unsinn sind.

- Manager sprechen von »Kommunikationsinhalt«. Jede Kommunikation hat per se einen Inhalt.
- »Effizienzorientierte Verhandlungen« – gibt es Verhandlungen, in denen man keine Effizienz ansteuert?
- »Zielgruppenorientierte Schulung«. Nicht zielgruppenorientierte Schulung ist schlicht sinnlos.
- Was ist ein »Wettbewerbstool mit Fokussierung der Komponenten der Implementierungsbreite«?
- Was ist eine »Kommunikationseinheit«?
- Was ist eine »Berichtseffizienz«?
- Was bedeutet »zielgruppenbasiert«?
- Was sind »konsequenzgerichtete Verhandlungen«?
- Was ist ein »Alternativdiskussionsstoff«?

Den Verfassern solcher Wortkonstruktionen würde man gerne zurufen: Denkt doch einmal über den Unsinn eurer Wortbilder nach.

Werbeprofis und Texter wissen, dass es weniger anspruchsvoll ist, verschachtelt zu schreiben. Es braucht mehr Hirn und Gefühl, sich stringent, klar und verständlich auszudrücken.

In der Schule lernen wir ein grammatikalisch korrekt geschriebenes Deutsch. Sollten wir nicht – zusätzlich – vermehrt auf die grammatikalischen Besonderheiten jener Sprache aufmerksam gemacht werden, die in Reden, Interviews und Streitgesprächen verlangt wird? Sind viele Reden deshalb so unverdaulich, weil wir nicht gelernt haben, von der rein geschriebenen, teils umständlichen Sprache wegzukommen? Sollten wir uns nicht in frühen Jahren mit der »Kunst des Auftretens« befassen? Die Rhetorik, die große Redekunst, in der griechischen Antike als Disziplin bekannt, erhält in unseren Schulen kaum die Aufmerksamkeit, die ihr eigentlich zukommen sollte.

Wir wissen, dass die Wirkung einer Botschaft nur zu 7 Prozent vom Inhalt, also vom Text abhängt. Umso wichtiger ist eine verständliche und attraktive Präsentation.

To take away

- Eignen Sie sich eine Sprache an, in der das Verb möglichst weit vorne im Satz steht.
- Zerlegen Sie lange Sätze in mehrere kurze.
- Verwenden Sie möglichst wenige Nebensätze.
- Machen Sie aus Nebensätzen Hauptsätze.
- Verpacken Sie nicht noch dies und jenes in Nebensätze.
- Denken Sie über Ihre Sprachbilder nach: Sind sie wirklich korrekt oder sind es Worthülsen?
- Verzichten Sie auf Management-Speak.

Wie wirken Sie?
Überschätzte Aufnahmefähigkeit

Das Dilemma ist offensichtlich und bekannt: Eine Rednerin, ein Diskussionsteilnehmer oder ein Interviewgast will zeigen, wie viel er oder sie weiß. Doch die Zuhörerinnen und Zuhörer sind schnell überfordert.

Die Aufnahmefähigkeit des Menschen wird stark überschätzt. Man kann nicht Dutzende Informationen in kurzer Zeit erfassen und verarbeiten. Wie viele Informationen längerfristig im Gedächtnis bleiben, ist von Mensch zu Mensch unterschiedlich. Sicher ist, dass es viel weniger sind, als wir glauben – und vielleicht möchten.

Die deutsche Kommunikationstrainerin Vera Birkenbihl erklärt, dass im Durchschnitt nur 20 Prozent des Inhalts beim Publikum überhaupt ankommen. Wie viel von den 20 Prozent dann längerfristig im Gedächtnis bleiben, hängt von verschiedenen Faktoren ab: vom Alter der Zuhörer, von der Bildung, dem Beruf, dem sozialen Umfeld – ebenso von der Verfassung und dem Biorhythmus des Einzelnen. Ist die Zuhörerin, der Zuhörer müde, gestresst oder in guter Stimmung? Und natürlich ist die Art der Information entscheidend.

Friedrich der Große sagte: »Was gefällt, bleibt im Gedächtnis.« Bei abstrakten, kompliziert aufgebauten Vorträgen bleibt sicher wenig in Erinnerung. Trotzdem überladen viele Redner ihre Texte mit Fakten und Zahlen.

Auch das Fernsehpublikum wird mit Informationen bombardiert. Nur ein kleiner Teil bleibt hängen. Das haben Gespräche gezeigt, die ich jeweils nach einer Sendung mit Zuschauerinnen und Zuschauern geführt hatte.

Die Tagesschau kann man besuchen. Neben der Regie befindet sich ein Besucherraum. Von dort aus hat man – getrennt durch eine Glasscheibe – einen Blick auf die Regie, die Technik und, via Bildschirm, auf die Moderatoren im Studio. Gruppen bis zu zwanzig Personen verfolgen von dort aus jeweils live die Tagesschau.

Nach der Sendung stehen die Moderatoren den Besuchern wenn möglich jeweils für ein kurzes Gespräch zur Verfügung. Ich liebte diese Begegnungen. Sie ermöglichen einen persönlichen Kontakt mit dem Publikum. Ich fragte jeweils die Gäste: Was ist Ihnen von dieser Tagesschau-Sendung noch präsent?

Das Ergebnis war stets ernüchternd. Auch wenige Minuten nach der Sendung konnten die Besucher höchstens einen Viertel der behandelten Themen nennen. Natürlich bleibt Emotionales in Erinnerung sowie Themen, zu denen die Einzelnen einen persönlichen Bezug haben.

Fast alle Reden sind zu lang

Wir sind immer weniger bereit, langatmige Präsentationen über uns ergehen zu lassen. Die meisten Reden sind heute zu lang. Wer länger als 50 Minuten spricht, misshandelt das Publikum. Wer in dieser Zeit nicht sagen kann, was er bzw. sie will, kann es auch in 90 Minuten nicht.

Fast alle Reden könnten um ein Drittel gekürzt werden. Sie gewännen an Attraktivität. Niemand wird einem Redner vorwerfen, er hätte zu kurz gesprochen. Aber viele werden murren, wenn er ins Uferlose schweift.

Richard Burton sagte: »Ich staune über das Vermögen des deutschen Volkes, sich lange Reden anzuhören.« Auch Schweizerinnen und Schweizer sind oft dazu gezwungen. Meist deshalb, weil es in unseren Breitengraden nicht zwangsläufig dazugehört, sich Auftrittskompetenz und gewisse rhetorische Kniffe anzueignen.

Drauflosschwatzen kann jeder. Aber kurze, prägnante Reden schreiben, Kernbotschaften und Ideen herausfiltern – und alles attraktiv präsentieren: Das ist ein langer, aufwendiger Prozess. Das braucht Zeit und Vorbereitung.

Das wusste auch Woodrow Wilson, der 28. US-Präsident: »Wenn ich 10 Minuten sprechen soll, muss ich mich eine Woche lang vorbereiten. Bei 15 Minuten sind es drei Tage, bei einer halben Stunde ist es eine Stunde. Wenn ich eine Stunde lang sprechen soll, bin ich jetzt bereit.«

Man langweilt sich schneller als früher
Junge Menschen zücken oft schon nach wenigen Minuten ihr Handy. Schnell lassen sie sich ablenken. Lehrer und Professoren wissen das.

Doch auch ältere Menschen langweilen sich schneller als früher. Ich habe oft während Reden nicht nur den Redner gefilmt, sondern parallel auch das Publikum. Nach wenigen Minuten beginnen die ersten Zuhörer jeweils ihr Smartphone zu konsultieren, sie lesen das Programmheft, flüstern dem Nachbarn etwas zu, wühlen in der Mappe, richten ihre Krawatte, betrachten die Stuckaturen an der schönen Decke des Zunfthauses – oder dämmern vor sich hin. Und plötzlich erinnern sie sich wieder: »Oh, da redet ja jemand.«

Die Aufmerksamkeitsspanne des Publikums ist markant kürzer geworden. Das mag an unserer hektischen Zeit und an der Informationsflut liegen. Wir sind ungeduldig geworden. Wir stellen immer mehr den Anspruch, schnell mit dem Wichtigsten beliefert zu werden. Beschleunigt wird diese Entwicklung durch die immer höhere Frequenz der medialen Reize, mit denen wir konfrontiert werden. Die Filmeinstellungen werden immer kürzer, ebenso die Interviewfetzen in den Nachrichtensendungen. Das färbt ab.

Weshalb werden die Beiträge in den Newssendungen immer kürzer? Weil nachgewiesen werden kann, dass ein Teil des Publikums bei längeren Berichten sofort wegzappt.

Holen Sie sich einen Profi
Oft weicht die Selbsteinschätzung erheblich von der Fremdwahrnehmung ab. Übungen mit Medientrainern haben den Vorteil eines professionellen Feedbacks. Viele Coaches arbeiten mit Kameras. Dies ermöglicht es ihnen, mithilfe des Bildes Stärken und Schwächen aufzuzeigen – und eventuelle Macken.

Ich mache jeweils zu Beginn eines Trainings eine einfache Übung. Diese besteht darin, sich mit wenigen Sätzen vorzustellen. Wir schauen uns dann gemeinsam die Aufzeichnung an. Der Redner muss sich zuerst selbst beurteilen. Wir analysieren dann gemeinsam den Auftritt nach folgendem simplen Raster. Wie wirkt die Person bzw. wie spricht sie?

- freundlich oder abweisend
- ruhig oder nervös
- natürlich oder starr
- überzeugend oder unsicher
- langweilig oder spannend
- holprig oder fließend
- urchig oder geschliffen
- sympathisch oder arrogant
- trocken oder lebendig.

Einige Übungen – verbessern Sie Ihr rhetorisches Talent
Gute Redner fallen nicht vom Himmel. Den »geborenen Redner«, den gibt es nicht. Ein angeborenes Rednertalent haben nur wenige. Hinter dem »geborenen Redner« steckt harte Arbeit, hartes

Training. Doch gute Auftritte kann man lernen. So abgegriffen Ciceros Aussage »Reden lernt man durch reden« heute klingt: Sie stimmt. Je mehr Bücher, Zeitungen, Magazine Sie lesen und je mehr Sie mit anderen diskutieren, desto größer wird Ihr Wortschatz – und desto leichter fällt Ihnen das Reden. Testen und verbessern Sie Ihr rhetorisches Talent.

Vorlesen

Wir haben verlernt, laut zu lesen. Den meisten gelingt es nicht, eine Buchseite ohne Vorbereitung auf Anhieb fehlerfrei vorzulesen: ohne Versprecher, ohne Stocken, ohne Ähs, ohne Hänger.

Lesen Sie einen Artikel aus einer Zeitung laut vor und zeichnen Sie das Gesprochene mit einem Aufzeichnungsgerät auf. Beurteilen Sie die abgehörte Aufnahme. Wie wirken Sie?

Holen Sie sich immer ein Feedback ein. Befragen Sie Ihren Mann, Ihre Frau, befragen Sie Bekannte oder Bürokollegen. Fragen Sie, was ihnen an Ihrer Art des Redens gefällt und was ihnen negativ auffällt.

Nacherzählung

Die Nacherzählung ist eines der besten Mittel, um die Sprechfähigkeit zu schulen.

- Lesen Sie einen nicht allzu langen Zeitungsartikel. Legen Sie die Zeitung weg. Warten Sie fünf Minuten.
- Versuchen Sie, laut sprechend, den Inhalt des gelesenen Zeitungsartikels zusammenzufassen. Sprechen Sie einfach drauflos.
- Zeichnen Sie alles auf. Wie oft haben Sie um Worte gerungen, wie oft haben Sie das Schlussverb eines Satzes gesucht? Waren Ihre Sätze korrekt konstruiert oder passte das Ende nicht ganz mit dem Anfang zusammen?
- Zählen Sie die Ähs.
- Wiederholen Sie diese Übung möglichst oft.

Bildbeschreibung

- Stellen Sie sich vor ein Bild oder vor ein Plakat in Ihrer Wohnung. Beschreiben Sie das Bild zwei Minuten, ohne Vorbereitung. Legen Sie einfach los. Sprechen Sie spontan.
- Zeichnen Sie Ihre Beschreibung auf. Analysieren Sie sie.

Sich interviewen lassen

- Lesen Sie einen Artikel in einer Zeitung. Bitten Sie Ihren Partner, den gleichen Artikel zu lesen.
- Lassen Sie sich von Ihrem Partner zum Inhalt des Artikels spontan interviewen, ohne dass Sie die Fragen im Voraus kennen.
- Zeichnen Sie das Interview auf.
- Hören Sie sich die Aufzeichnung an. Sind Sie zufrieden mit sich? Haben Sie auf die Fragen geantwortet? Sind Sie ins Stocken geraten? Gab es peinliche Pausen? Wichtig ist bei dieser Übung weniger der Inhalt als der Sprechfluss.

Sich provozieren lassen

- Lassen Sie sich von jemandem interviewen.
- Der Interviewer soll bewusst provokative, freche Fragen stellen.
- Wie reagieren Sie? Wichtig ist nicht der Inhalt, wichtig ist, dass Sie sprechen, sprechen, sprechen.

Seien Sie Christoph Kolumbus

- Schlüpfen Sie in die Rolle eines berühmten Menschen. Seien Sie Winston Churchill, Kolumbus oder Charlie Chaplin.
- Ihr Partner soll Sie provokativ interviewen: »Christoph Kolumbus, wie haben Sie reagiert, als Sie zum ersten Mal eine Kartoffel sahen?« Zeichnen Sie alles auf.
- Beurteilen Sie die Aufzeichnung nach oben stehendem Raster.

Sprechen ohne Pause
- Wählen Sie irgendein Schlüsselwort aus einer Zeitung: Oster-hase, Weihnachten, Krieg, Chemiewaffen o. Ä.
- Beginnen Sie sofort und ohne Unterbrechung eine zweiminü-tige Rede zum Thema Osterhase. Wichtig ist, dass Sie sprechen, sprechen, sprechen – ohne Pause.
- Zeichnen Sie Ihre Rede auf und analysieren Sie sie.

Fernsehreporter spielen
- Schalten Sie den Fernseher ein. Wählen Sie einen Filmbericht (keine Diskussionssendung). Schalten Sie den Ton aus.
- Kommentieren Sie live und laut das, was Sie gerade sehen.
- Sind Sie fußballbegeistert und kennen einige Spieler? Schalten Sie den Ton aus und kommentieren Sie das Spiel.
- Zeichnen Sie Ihren Kommentar auf und analysieren Sie ihn.

Im Auto, auf dem Fahrrad
- Sie fahren auf der Autobahn oder stehen im Stau. Sprechen Sie laut vor sich hin. Beschreiben Sie, was Sie sehen. Versuchen Sie, korrekte Sätze mit Anfang und Schluss zu sprechen.
- Sie machen einen Ausflug mit dem Velo aufs Land. Sprechen Sie laut vor sich hin, beschreiben Sie, was Sie gerade sehen.

Wichtig ist, dass man spricht, spricht, spricht – und grammatika-lisch korrekte Sätze bildet. Beim freien Sprechen besteht die Kunst darin, einen spontan angefangenen Satz grammatikalisch korrekt zu Ende zu führen.

Haben Sie einen Tick?
Finden Sie heraus, ob Sie – wie die meisten Menschen – einen klei-nen Tick haben. Es gibt Leute, die sagen vor jedem Satz »nun« oder nach jedem Satz »ok« oder »so« oder »oder« oder »irgend«

oder »eigentlich« oder »also« oder »nun denn« oder »sozusagen« oder »quasi«. – Und zählen Sie Ihre Ähs …

Im Fernsehen treten immer wieder Leute auf, die einem leidtun. Man leidet mit ihnen. Man sitzt wie auf Nadeln. Bringt er den Satz zu Ende oder nicht? Findet sie das Schlussverb? Ihr Ziel muss sein, dass man Ihnen gerne zuhört.

Und die Körperhaltung und die Mimik? Um sie zu testen, braucht es eine Kamera. Wir Menschen haben viel mehr Ticks und Marotten als wir meinen. Die meisten kann man wegtrainieren. Dazu muss man sie aber zuerst einmal klar erkennen und benennen.

Es gibt Menschen, die rümpfen ständig die Nase, andere schlucken und schlucken. Ich kenne jemanden, dessen linkes Ohr wackelt, wenn er nervös ist. Ein anderer bringt keine zwei Sätze hin, ohne sich zu räuspern.

To take away

- Unsere Aufnahmefähigkeit ist kleiner, als wir glauben.
- Die meisten Reden könnten um ein Drittel gekürzt werden.
- Wir langweilen uns schneller als früher. Die Aufmerksamkeitsspanne sinkt.
- Die besten Übungen sind Nacherzählungen und Bildbeschreibungen.
- Üben Sie regelmäßig. Sprechen Sie laut vor sich hin, wo immer Sie können.
- Fast alle haben einen Tick; lernen Sie Ihren Tick kennen.

... und plötzlich stehen Sie im Rampenlicht

Wie setzen Sie sich durch? Wie behaupten Sie sich? Wie überzeugen Sie? Wie treten Sie auf? Wie gehen Sie mit Lampenfieber um? Und wenn die Köpfe rauchen, wenn ein Shitstorm über Sie hereinbricht – wird die Krisenkommunikation dann zur Kommunikationskrise?

Das Wortgefecht

»Nackter als im Sonnenbad«

Sie nehmen an einem Streitgespräch oder einer Diskussionsrunde teil – auf einem Podium oder im Fernsehstudio. Ein guter Fußballtrainer schaut sich die Spiele seines künftigen Gegners an. Er analysiert seine Stärken und Schwächen. Tun Sie dasselbe.

Informieren Sie sich über die Diskussionsteilnehmer. Lernen Sie ihre Argumente kennen. Was haben die anderen zu diesem oder jenem Thema gesagt? Konsultieren Sie Zeitungsberichte. Schauen Sie sich Fernsehaufzeichnungen an, in denen die Gegenpartei aufgetreten ist. Studieren Sie die Taktik Ihres Gegenübers, sein nonverbales Verhalten. Ist er aggressiv, ist er schlau, ist er auf Konsens aus, wird er schnell wütend, ist er gut dokumentiert oder ein Angeber? In seiner *Dialektik für Manager* empfiehlt Rupert Lay: »Bereiten Sie sich besser vor als Ihr Partner.«

Überlegen Sie sich, wie und wo Sie den Gegner packen könnten. Wo sind seine Schwachpunkte, wo kann ich angreifen? Wo ist seine Achillesferse? Denken Sie daran, dass Ihr Gegenüber dasselbe tut.

Bereiten Sie sich auf das Schlimmste vor, auf den Worstcase. Erwägen Sie, mit welchen frechen Fragen Sie konfrontiert werden könnten. Wie antworte ich, wenn mir Fragen gestellt werden, die ich eigentlich nicht beantworten möchte?

Schenken Sie sich nichts. Vielleicht weiß der Gegner etwas, was Sie unter Verschluss halten möchten. Wie reagieren Sie, wenn er es doch zur Sprache bringt? Meist werden diese harten Fragen nicht gestellt, geschieht es doch, hilft es, aufs Schlimmste gefasst zu sein. Sie gehen ruhiger in ein Wortgefecht.

Greifen Sie an!
Üben Sie mit einem Sparringpartner, einem Bekannten, dem Partner oder einem Medientrainer; er soll Sie in die Zange nehmen. Versuchen Sie selbst, den Gegner in Rage zu bringen, ihn zu verärgern, zu reizen. Wer gereizt und wütend ist, lässt sich zu unbedachten Äußerungen hinreißen. Das ist Ihre Chance.

Nehmen Sie seine unbedachten Äußerungen auf, walzen Sie sie breit. Konfrontieren Sie ihn mit seinen früher gemachten Äußerungen. »Herr X., ich erinnere mich noch gut an Ihre Aussage vom 7. Februar. Damals sagten Sie genau das Gegenteil.«

Bei einem Streitgespräch im Radio zur Frage, ob Schwangerschaftsabbrüche weiterhin von der Krankenkasse bezahlt werden sollen, ruft eine CVP-Vertreterin ihrem Gegner zu: »Herr F. hat noch immer nicht begriffen, um was es wirklich geht.« Herr F. beginnt zu fabulieren und verliert den Faden.

Verhalten Sie sich ruhig, wenn Sie angegriffen werden, versuchen Sie, sympathisch zu wirken. So nehmen Sie Ihrem Angreifer den Wind aus den Segeln und wirken überlegen. Polterer kommen nicht an. Ein Großteil des Schweizer Publikums mag keine aggressiven Menschen. Wenn Sie angegriffen werden, kontern Sie ruhig mit Fakten. Lassen Sie sich nie zu persönlichen Beleidigungen hinreißen – auch nicht, wenn es Sie juckt.

Wie parieren Sie Angriffe?
Coolness kann den Gegner zur Weißglut bringen. Merken Sie sich einige Phrasen, mit denen Sie Angriffe kontern können.
- Sie sind ja richtig böse.
- Sehe ich es richtig, Sie sind ja ganz aufgewühlt?

- Sie sind ja so nervös, dass ich nicht recht verstehe, was Sie meinen.
- Wollen wir nicht sachlich miteinander reden?
- Ich glaube, die Zuhörer interessieren sich nicht für Ihre Gefühlswallungen.
- Ihre Aussage will ich jetzt einmal überhören …
- Sie sollten besser recherchieren, bevor Sie mich angreifen.
- Ihre Ansichten beruhen auf sehr abstrusen Quellen.
- Ich frage mich schon, ob Sie das beurteilen können.
- Haben Sie genug Erfahrung, um das anzuzweifeln?
- Selbstverständlich will ich Ihre Kompetenz nicht anzweifeln, aber ich frage mich schon, ob …
- Jeder hat das Recht auf seine Meinung. Sie natürlich auch.
- Schade, dass ich Sie nicht überzeugen konnte.
- Sie sehen es so, ich sehe es ein wenig anders.
- Es tut mir leid, dass Sie meinen Ausführungen nicht folgen können.
- Sie sollten keine ungelegten Eier begackern.
- Könnte man das nicht auch anders sehen?
- Ich verstehe immer noch nicht, was Sie eigentlich sagen wollen.
- Bitte geben Sie mir doch jetzt endlich eine klare Antwort: Was wollen Sie?
- Sie haben uns noch immer nicht konkret gesagt, wie Sie das Problem lösen wollen.
- Ich fürchte, Sie haben den Kern des Problems noch nicht erkannt.
- Verstehe ich Sie richtig, haben Sie Ihre Meinung komplett geändert, früher sagten Sie doch, dass …
- Wir können das Thema auch ganz unpolemisch diskutieren. Ich möchte sagen, dass …
- Bei dieser Frage bin ich die falsche Ansprechperson. Stellen Sie die Frage doch …

- Diese Frage erstaunt mich, ich dachte, Sie hätten sich seriös auf dieses Gespräch vorbereitet.
- Ich dachte, Sie würden seriöse Fragen stellen.
- Ich bin hier, um sachlich Auskunft zu geben. Diese Frage ist nicht sachlich.
- Ihre Frage ist sehr polemisch. Wollen wir nicht sachlich diskutieren?
- Weichen wir nicht von unserem Thema ab. Sprechen wir über die Sache.
- Sie wären der erste Journalist, der etwas aus mir herauspressen könnte, was ich nicht sagen will.
- Ist das ein Verhör hier? Lassen Sie mich sachlich antworten.
- Weshalb fragen Sie so aggressiv?
- Wenn ich mir die Bemerkung erlauben darf, Ihre Frage zeigt, dass Sie wenig von der Sache verstehen.
- Darf ich Ihnen einmal eine Frage stellen. Haben Sie sich mit diesem Thema eigentlich wirklich befasst?
- Können Sie die Frage so formulieren, dass ich verstehe, was Sie wissen wollen?
- Ist das eigentlich ein Interview, das wir hier führen, oder wollen Sie sich auf mich einschießen?
- Ihre Frage zeigt, dass Ihnen ein paar Nachhilfestunden in … guttäten.

Wenn Sie in Bedrängnis sind und Ihnen nichts einfällt, hilft es, solche Standardphrasen im Hinterkopf zu haben.

Wie platzieren Sie Ihre Kernbotschaft?
Ob Sie an einem Streitgespräch, einer Podiumsdiskussion oder einer Medienkonferenz teilnehmen, ob Sie im Radio oder im Fernsehen ein Interview geben: Ziel muss sein, Ihre Kernbotschaft zu platzieren.

Am einfachsten ist es, in einem Vorgespräch die Diskussionsleiterin oder den Moderator von der Wichtigkeit Ihrer Botschaft zu überzeugen. Dann stellt er oder sie – hoffentlich – entsprechende Fragen.

Doch wie platziert man eine Kernbotschaft, wenn ganz andere Fragen gestellt werden? Es geht darum, so zu tun, als würde man die gestellte Frage beantworten. Dann findet man den Dreh, um auf die Kernbotschaft hinzusteuern. Diesen Dreh nenne ich Scharnierphrase.

Die Scharnierphrase zu finden, also die Brücke zwischen der kurzen Beantwortung der gestellten Frage und der Kernbotschaft – das ist die große Kunst. Die Kunst nämlich, glauben zu machen, man würde die Frage beantworten – obwohl man auf die eigene Kernbotschaft hinsteuert.

Und so funktioniert es:
1. kurze Beantwortung der Frage des Journalisten
2. Scharnierphrase
3. Platzierung der Kernbotschaft.

Mögliche Scharnierphrasen:
- Was Sie in Ihrer Frage ansprechen, ist sehr wichtig. Wichtig ist auch dies: … (es folgt die Kernbotschaft).
- In diesem Zusammenhang muss auch dies erwähnt werden: Kernbotschaft.
- Man kann den Gedanken weiterspinnen: Kernbotschaft.
- Ihre Frage zielt ja auch auf ein anderes, wichtiges Thema ab: Kernbotschaft (auch wenn die Frage nicht darauf abzielt).
- Immer wichtiger wird in diesem Zusammenhang dies: Kernbotschaft.
- Neben diesem Thema steht jetzt auch ein anderes im Vordergrund: Kernbotschaft.

- Dieses Thema ist immer noch wichtig. Doch verdrängt wird es zunehmend davon: Kernbotschaft.
- Dies alles steht ja in engem Zusammenhang mit dem: Kernbotschaft.

Natürlich könnte der Fragesteller Sie unterbrechen und sagen, Sie würden ihm auf seine Frage keine Antwort geben. Die Erfahrung zeigt: In vier von fünf Fällen tut er das nicht.

Die Kernbotschaft muss prägnant, verständlich und nachvollziehbar sein. Es ist sinnvoll, sie aufzuschreiben, und zwar in mehreren Versionen. Jede Version sollte kurz und attraktiv sein. Kurz, weil die Gefahr besteht, dass man Sie nicht lange reden lässt.

Soll die Kernbotschaft, die wenigen wichtigen Sätze, auswendig gelernt werden? Manche tun das. Empfehlenswert ist, die Kernbotschaft mehrmals laut durchzusprechen, sie zu variieren, zu paraphrasieren. Es gibt nichts Ungeschickteres, als wenn man gerade bei der wichtigsten Botschaft das Schlussverb nicht findet.

Sie werden unterbrochen – wie reagieren Sie?

Wenn Sie vom Gegner mit einem Zwischenruf unterbrochen werden, machen Sie eine kurze Pause – und fahren dann am gleichen Ort weiter. Oder sagen Sie: »Die Moderatorin hat mir eine Frage gestellt, ich möchte diese beantworten. Bitte unterbrechen Sie mich nicht.«

Wo auch immer Sie sich verbal zanken, ob im Fernsehen, im Radio oder auf einem Podium – lange lässt man Sie nicht reden. Entweder fällt Ihnen ein Gegner ins Wort oder Sie werden vom Moderator unterbrochen. Man kann versuchen, sich dagegen zu wehren.

- Entschuldigen Sie, ich würde das gerne ausführen …
- Ich möchte nur noch ein Wort sagen zum Thema …

- Ich möchte jetzt aber doch zwei Worte verlieren zum wichtigen Thema …
- Ich will zurückkommen auf das, was Sie gerade besprochen haben.
- Bitte, ich möchte doch noch ausführen, dass …
- Nochmals ein Wort zum Thema …
- Entschuldigen Sie, noch den einen Satz …

Niemand hört Ihnen zu

Wir sind zu einer Monologgesellschaft geworden. Echte Diskussionen finden in TV-Talks oder Streitgesprächen nur noch selten statt. Wir alle wollen unsere Kernbotschaften an den Mann oder die Frau bringen. Sagt unser Gegenüber etwas, hören wir nicht zu und warten nur auf eine Pause, bis wir wieder loslegen können.

Wenn wir unseren Monolog beendet haben, glauben wir, den anderen überzeugt zu haben. Doch auch er hat nicht zugehört. Auch er hat nur auf eine Pause gewartet, bis er zu seinem Monolog ansetzen kann. »Zwei Monologe, die sich gegenseitig immer und immer wieder störend unterbrechen, nennt man eine Diskussion«, sagte der Schweizer Aphoristiker und Schriftsteller Charles Tschopp.

Selten geht ein Redner auf den Vorredner wirklich ein. Die Argumente der anderen prüfen, hinterfragen und vielleicht sogar aufnehmen – Zeitverschwendung. Auf den anderen eingehen, Argumente abwägen, was solls? These, Antithese, Synthese – denkste!

Politische Diskussionen sind ja oft nur noch Unterhaltung und Spektakel. Am attraktivsten sind sie, wenn laut gestritten wird. Alle schreien ihre Meinung in die Runde. Zu einem Abwägen von Argumenten kommt es selten.

Das ist oft auch bei Podiumsgesprächen der Fall. Sie kranken häufig schon daran, dass die Organisatoren zu viele Leute auf die Bühne schicken. Man will noch diesen und jene berücksichtigen, noch einen Verbandsvertreter und einen Sektionspräsidenten, einen Professor und eine Stimme des lokalen Gewerbes – und noch einen Sponsor. Und natürlich noch jemanden von der Schulpflege. Wie Papageien auf dem Ast sitzen sie dann gedrängt da.

Ich habe schon Podien moderiert, bei denen acht Personen für ein halbstündiges Gespräch eingeladen wurden. Das ist Unsinn. Da fehlt die Zeit für einen echten Dialog. Alle sondern nur ihre Kernbotschaften ab, auf die Argumente der Vorredner geht niemand ein.

Auch wenn gewiefte Redner auf Protagonisten treffen, die noch nie vor Publikum gesprochen haben, ist es schwierig, eine Diskussion in Gang zu bringen. Ungeübten gelingt es meist nicht auf Anhieb, auf den Punkt zu kommen.

Podien sind oft schlecht aufgegleist. Manche Organisatoren befassen sich vor allem mit Organisatorischem. Der Inhalt kommt zu kurz. Über was soll eigentlich diskutiert werden? Was ist die Stoßrichtung? Die Themen sind oft zu weit gefasst. Weil man zu viele Leute aus ganz verschiedenen Ecken der Gesellschaft einlädt, zerbröselt dann alles.

Natürlich kann es spannend sein, Leute mit einem unterschiedlichen Hintergrund und differierenden Haltungen zu einem Thema zu befragen. Aber die Menschen und ihre Biografien sollten interessant sein – die Auswahl soll nicht nach dem Kriterium erfolgen, dass dieser oder jener Verband berücksichtigt werden muss, damit die Kirche im Dorf bleibt. Oder weil der Herr Gemeindepräsident beleidigt wäre, wenn man ihn nicht aufs Podium holt – auch wenn er zum besprochenen Thema eigentlich nichts zu sagen hat.

Auch im Fernsehen gibt es nur noch wenige Sendungen, in denen wirklich diskutiert werden kann. Die »Arena« des Schweizer Fernsehens erlaubt den Gesprächsteilnehmern jetzt eine etwas längere Redezeit wie früher. Doch die meisten der inflationären Talks und Quasselrunden bestehen einzig aus einem Aneinanderreihen von Monologen. Oft passen die Antworten nicht mehr zu den Fragen. Und wenn die Moderatoren dann doch einmal auf konkrete Antworten pochen, dann stört das nur.

»Ohnmächtige Journalisten«

Solche Gespräche oder Diskussionen können zur Parodie werden. Vor den deutschen Bundestagswahlen im September 2013 gab es ein einziges Streitgespräch zwischen der Bundeskanzlerin und dem SPD-Herausforderer. Die Diskussion, die eigentlich keine war, wurde von vier Fernsehstationen übertragen. Sie ist ein Schulbeispiel für die heutige Diskussionskultur.

Zwei Moderatorinnen und zwei Moderatoren befragten Angela Merkel und Peer Steinbrück. »Befragen« ist das falsche Wort. Denn die beiden gaben auf Fragen keine Antwort. Sie sagten, was sie sagen wollten – ob die Frage dazu passte oder nicht. Sie platzierten ihre Kernbotschaften und gaben sich nicht einmal die Mühe, eine Scharnierphrase zu formulieren.

Der Medienkritiker Rainer Stadler sprach in der *Neuen Zürcher Zeitung* vom 3. September 2013 von »ohnmächtigen Journalisten«. Das TV-Duell zeige, »wie gering die Einflussmöglichkeiten der Journalisten sind, wenn die Politiker Druck aufsetzen, indem sie bei Zwischenfragen unbeirrt weiterreden, keinen Punkt machen und gezielt ihre Botschaften loswerden«.

Konkret stellte eine der Moderatorinnen fest: »Wir hören längere Einlassungen von Ihnen, die nicht präzise zu unseren Fragen passen, aber gut, wir versuchen es weiter.«

Die Moderatorin hätte auch sagen können: »So, Frau Bundeskanzlerin, so Herr Steinbrück, jetzt geben Sie endlich einmal Antwort auf unsere Fragen.«

Der Auftritt der beiden macht deutlich, dass es für Moderatoren immer schwieriger wird, eine eigentliche Diskussion in Gang zu bringen. Die Gäste sagen einfach, was sie wollen.

Soll man sich bei Diskussionen verhalten wie Merkel und Steinbrück? Die Gefahr ist groß, dass ein erfahrener Moderator Sie festnagelt. »Das war nicht meine Frage, jetzt geben Sie bitte Antwort auf meine Frage.« Oder: »Sie sind ausgewichen, meine Frage war …« Sicher ist: Beim Publikum punkten Sie nicht, wenn Sie partout keine Antwort geben.

To take away

- Informieren Sie sich über Ihren Gegner.
- Analysieren Sie ihn: Ist er aggressiv, konziliant, wo sind seine Schwächen?
- Überlegen Sie sich, wie Sie ihn packen können.
- Seien Sie besser vorbereitet als Ihr Gegenüber.
- Stellen Sie sich die frechsten Fragen vor, die man Ihnen stellen könnte.
- Wer auf das Schlimmste gefasst ist, geht ruhiger in ein Streitgespräch.
- Üben Sie Scharnierphrasen, um Ihre Kernbotschaften zu platzieren.
- Sie werden unterbrochen: Haben Sie Standardantworten im Hinterkopf.

Schlagfertig
Witzig, frech, schlau

Ein Streitgespräch ist ein Schlagabtausch. Je schlauer Sie sind, desto mehr dominieren Sie. Schlagfertigkeit ist ein Geschenk des Himmels.

Ronald Reagan war einer der ältesten Präsidentschaftskandidaten der USA. In einer Fernsehdebatte wurde er von einem Journalisten auf sein Alter angesprochen. Der Medienmann fragte, ob Reagan denn nicht Zweifel hätte, in Krisensituationen – wegen seines hohen Alters – richtig entscheiden zu können.

Reagan drehte den Spieß um: »Not at all. I will not make age an issue of this campaign. I am not going to exploit for political purposes my opponent's youth and inexperience.« – Keineswegs. Das Alter soll kein Thema der Kampagne werden. Er werde die jugendliche Unerfahrenheit seiner Gegner nicht ausnützen. Die Antwort wurde zum Klassiker.

Schlagfertig ist man immer auf dem Nachhauseweg, so ein Sprichwort. Kann man Schlagfertigkeit üben? Ja. Wer mit offenen Augen und Ohren durch die Welt geht, wer viel liest, sich Filme anschaut, an Diskussionen teilnimmt, breite Interessen und einen kritischen, wachen Geist und einen großen Wortschatz hat, Freude an der Sprache mitbringt – der hat gute Voraussetzungen, schlagfertig zu sein. Wer nur Geschäftsberichte liest und in Charts lebt, ist meist wenig schlagfertig.

Den Geist kitzeln

Schlagfertigkeit kann man spielerisch trainieren. Zum Beispiel so: Bilden Sie eine Denksport-Spielgruppe. Die Teilnehmenden treffen sich jeden Samstagvormittag. Jemand attackiert – aus Spaß – einen Kollegen. Dieser und die anderen sollen sofort schlagfertige Antworten geben. Das kitzelt den Geist.

Alles soll ein munteres Spiel sein. Jeder bzw. jede soll zwei, drei Attacken reiten. Die anderen sollen reagieren und darauf antworten. Der Anfang ist oft harzig, dann beginnt man sich ins Spiel hineinzusteigern, und es hagelt Antworten. Wichtig ist, dass man Spaß dabei hat.

Eine weitere Spielart geht so: Jemand nennt ein Substantiv, ein Verb oder ein Adjektiv. Die anderen in der Gruppe sollen sofort Synonyme dazu finden. Auch das schärft den Geist und erhöht den Sprachschatz. Diese Übung kann man mit dem Partner, in der Familie oder am Stammtisch durchführen.

Nach einiger Zeit werden Sie agiler, schlagfertiger, witziger, frecher. Je mehr Sie es üben, desto schneller werden Sie.

Blödeln Sie!

Mit absurden, vielleicht witzigen Antworten können Sie den Angreifer bloßstellen. Das setzt eine gewisse Frechheit voraus. Auch wenn die Antworten nicht sehr geistreich sind, verfehlen sie die Wirkung meist nicht.

Folgende Antworten sind nicht ernst gemeint und eignen sich nicht für die Realität. Sie stammen aus einem »Schlagfertigkeitstreffen« oder sind Internetforen entnommen. So dumm die Antworten auch sein mögen, sie setzen einen schnellen und wachen Geist voraus.

- »Meier, haben Sie eigentlich ein Problem mit mir?« Ihre Antwort: »Da muss ich zuerst Ihre Frau fragen.«
- »Sie hören mir ja gar nicht zu, Müller.« Ihre Antwort: »Was haben Sie gesagt?«

- »Sie werden ja rot im Gesicht.« Ihre Antwort: »Ja, ich war in meinem früheren Leben ein Radieschen.«
- »Huber, Sie werden ja ganz rot.« Ihre Antwort: »Ja, ich schäme mich, Ihnen gegenüberzusitzen.«
- »Sie gehören zu diesen dogmatischen Grünen, die das Volk erziehen wollen.« Ihre Antwort: »Ach, sind Sie Vegetarier?«
- »Was! Sie kennen Lionel Messi nicht!« Ihre Antwort: »Entschuldigen Sie, ich habe mich noch nie für Eishockey interessiert.«
- »Sie waren ja wohl schon in der Schule der Dümmste.« Ihre Antwort: »Genau, das war ich. Mein Lehrer hat immer gesagt, du wirst höchstens Generaldirektor. Das bin ich jetzt.«
- »Sie haben die Intelligenz eines Dreijährigen.« Ihre Antwort: »Sie kennen aber sehr intelligente Dreijährige.«
- »Was Sie da erzählen, glaube ich überhaupt nicht.« Ihre Antwort: »Aha, Sie sind gläubig, gehören Sie einer Sekte an?«
- »Sie sind aufgeblasen, blöd und hässlich.« Ihre Antwort: »Was ist Ihnen am liebsten?«
- »Kürzlich haben Sie das Gegenteil gesagt.« Ihre Antwort: »Sie sehen, nur Esel bleiben am Berg stehen. Ich habe dazugelernt.«

Lieber Augenringe als gar keinen Schmuck
- »Ich denke, das ist alles Unsinn, was Sie uns erzählen.« Ihre Antwort: »Sie sollten nicht denken. Dafür fehlen Ihnen alle Voraussetzungen.«
- »Man versteht ja gar nicht, was Sie sagen.« Ihre Antwort: »Ja, um mich zu verstehen, braucht es eine gewisse Intelligenz.«
- »Ich frage mich, ob Sie kompetent genug sind und die entsprechende Ausbildung haben.« Ihre Antwort: »Lieber eine eingebildete Ausbildung als eine ausgebildete Einbildung.«
- »Das ist nicht sehr intelligent, was Sie sagen.« Ihre Antwort: »Es freut mich, dass Sie so intelligent sind und meine Dummheit entlarvt haben.«

- »Sie sind ja völlig übernächtigt, schauen Sie sich Ihre Augenringe an.« Ihre Antwort: »Lieber Augenringe als gar keinen Schmuck.«
- Und wenn Ihnen gar nichts einfällt, sagen Sie: »Das reimt sich ja gar nicht, was Sie sagen.«

To take away

- Kann man Schlagfertigkeit trainieren? Ja.
- Üben Sie mit Ihrem Partner, stimulieren Sie den Geist, blödeln Sie.
- Je belesener Sie sind, je offener Sie durch die Welt gehen, desto schlagfertiger sind Sie.

Die Rede

Wie ein Theaterstück

Eine gute Rede entsteht nicht an einem Tag. Geistesblitze fallen nicht vom Himmel. Wie fesseln Sie das Publikum? Wie bauen Sie Spannung auf? Wie können Sie die anderen überzeugen? Wissen Sie, dass die ersten und die letzten Worte Ihres Auftritts die wichtigsten sind?

Sie werden gebeten, eine Rede zu halten. Klären Sie mit den Organisatoren vorab die offenen Fragen.

- Wie lange soll die Rede dauern?
- Wie setzt sich das Publikum zusammen?
- Wie groß ist das Publikum?
- Wo findet mein Auftritt statt?
- Wie groß ist der Saal?
- Werde ich stehen oder sitzen?
- Wer wird auch noch auftreten?
- Wer wird vor mir, wer wird nach mir sprechen?
- Soll ich am Schluss der Rede eine schriftliche Zusammenfassung verteilen?

Ein Geheimnis gibt es nicht
Schreiben Sie Ihre Rede Wort für Wort auf? Arbeiten Sie nur mit Stichworten? Jeder und jede hat ein eigenes Rezept. Bei Stichwor-

ten droht die Gefahr, dass man ausufert und unpräzise wird. Und was, wenn man plötzlich einen Blackout hat?

Versuchen Sie es mit einer Kombination: Schreiben Sie Ihre Rede auf, lesen Sie sie mehrmals laut durch. Dann verfassen Sie anhand Ihres Textes Stichworte und üben die Rede. Oder: Sie haben die geschriebene Rede vor sich, kennen aber den Text so gut, dass Sie weite Teile frei sprechen können.

Wenn eine Rede logisch aufgebaut ist, wenn ein Gedanke sich aus dem Vorangehenden entwickelt, ist es einfacher, frei oder nur anhand von Stichworten zu sprechen.

Wir Schweizerinnen und Schweizer bewundern oft die rhetorischen Fähigkeiten der Deutschen. Ich habe in der Ostschweiz ein Wirtschaftsforum moderiert, an dem ein deutscher Spitzenpolitiker auftrat. Schnell zog er die fünfhundert Gäste in seinen Bann. 40 Minuten lang sprach er, geschliffen, lebhaft, frei – ohne einen Zettel in der Hand. Das Publikum war fasziniert. Nach der Rede fragte ich ihn nach seinem Rezept.

»Ein Geheimnis gibt es nicht«, sagte er. »Ich habe mir vor dem Auftritt eine Gliederung auf einer Postkarte skizziert. Mehr als zehn Stichworte braucht es nicht, wenn die Gedanken einer logischen Struktur folgen. Mit Freude an Sprache und einem episodenreichen Alltag hält sich die Rede dann quasi von allein. In meinem speziellen Fall kommt hinzu, dass ich immer frei spreche, alle meine Texte – auch Zeitungsveröffentlichungen – selbst verfasse und insofern bestimmte gedankliche Wege bereits einmal abgeschritten bin. Das wäre also auch mein Rat: Poeta nascitur, orator fit – und zwar durch die Praxis selbst!«

Und er fügte hinzu: »Dass Deutsche prinzipiell bessere Redner als die Schweizer sind, das glaube ich allerdings nicht. Ich empfehle einen Besuch im Bundestag …«

Hauchen Sie Ihren Thesen Leben ein

Sie haben Ihre Kernbotschaften ausgearbeitet, Sie wissen, mit welchem Aha-Erlebnis Sie die Zuhörerinnen und Zuhörer nach Hause schicken wollen. Jetzt also steht das Skelett Ihrer Rede.

Doch das Skelett genügt nicht. Fügen Sie Lebendiges, Greifbares, Kraftvolles hinzu. Haben Sie etwas erlebt, das Ihre These illustrieren könnte? Können Sie eine Geschichte dazu erzählen? Suchen Sie nach Anekdoten, Episoden, Zitaten.

Erzählen Sie aus Ihrem Leben. Veranschaulichen Sie Ihre Botschaften mit passenden Ereignissen. So bleiben Sie in Erinnerung. Werden Sie persönlich und berichten Sie von Ihrer Tellerwäscherkarriere, sollten Sie denn eine erlebt haben.

Ursula Keller war die erste Professorin für Physik an der Eidgenössischen Technischen Hochschule (ETH) in Zürich. Sie leitet derzeit eine Forschergruppe am Institut für Quantenelektronik und ist zugleich Direktorin des Nationalen Forschungsschwerpunktes »Ultraschnelle Prozesse in molekularen Bausteinen«. »Warum sich Frauen in Führungspositionen vernetzen müssen« war der Titel einer Veranstaltung, an der sie auftrat und die ich in Zürich moderiert habe.

Wer eine trockene Physikerin erwartet hatte, wurde überrascht: keine Zahlen, keine Tabellen, keine Charts. Die Rednerin illustrierte ihren Auftritt mit Bildern ihrer Familie, die sie in den Saal projizierte – sie als Kleinkind mit den Eltern im Garten –, und sie zeigte ihre Zeugnisse und die Schulnoten (Französisch: 4; Englisch: 4; Mathematik und Physik: je Note 6). Angereichert mit Anekdoten erzählte sie, wie sie zur Physikerin wurde und mit 33 Jahren von der ETH ein Angebot für eine Professur erhielt. Das Publikum im Saal hörte fasziniert zu. An diese Rede wird man sich in zehn Jahren noch erinnern. An die Reden der meisten Zahlenakrobaten nicht.

Vergegenwärtigen Sie sich Ihre Biografie. Erinnern Sie sich, was Ihnen Freunde erzählt haben. Erinnern Sie sich an Filme, an

Theaterstücke oder Romane. Lesen Sie Biografien großer Menschen, von Persönlichkeiten, die etwas erreicht haben. Sie werden Geschichten finden, die zu Ihrem Auftritt passen. Stellen Sie Menschen in den Mittelpunkt, personifizieren Sie, Abstraktes kommt nicht an.

Beispiele bleiben haften – so ein legendärer Auftritt von Bill Gates: Während eines Vortrags über Malaria öffnete er plötzlich eine Büchse mit Moskitos. Das Publikum war verängstigt. »Es gibt keinen Grund«, sagte er, »weshalb sich nur arme Leute vor Malaria fürchten sollten.« Bald erfuhren die Zuhörer, dass die Mücken malariafrei waren. Die Botschaft war angekommen, und durch das persönliche Erlebnis wirkte sie nachhaltig: Wir geben zu wenig Geld zur Malariabekämpfung aus.

Aber: Erzählen Sie keine albernen Erlebnisse oder Kalauer. Persönliche Geschichten schüttelt man nicht aus dem Handgelenk. »Storyhunting« ist ein anspruchsvoller, oft langwieriger Prozess. Wenn Sie einen Auftritt vor sich haben, beginnen Sie früh mit der Vorbereitung. Während dieses Prozesses werden Ihnen Anekdoten und Vergleiche einfallen.

»Wir sind doch nicht im Kindergarten«, sagte mir ein Manager. »Ich bin kein Märchenonkel. Wirtschaft ist eine ernste Sache, ich erzähle doch keine Geschichten.« Eine spontane Umfrage nach seinem Auftritt machte deutlich: Das Publikum hatte sich tödlich gelangweilt beim Anhören seiner uninspirierten Rede.

Jeder Auftritt soll auch unterhalten. Selbst die trockenste Materie kann man unterhaltsam präsentieren. Es gibt keine langweilige Materie, es gibt nur langweilige Redner. Jedes Thema kann man erzählerisch aufbereiten.

Spannung aufbauen

Jetzt ist die Zeit des Sammelns vorbei. Sie haben Ihre Kernbotschaften festgelegt, Sie haben Anekdoten, Geschichten und Zitate gesammelt, die zu Ihrem Hauptthema passen. Jetzt geht es ans Komponieren.

Wie erzähle ich die Geschichte, wie baue ich die Rede auf? Journalisten sprechen von »Storytelling«. Stellen Sie sich vor, dass jedes Element Ihrer Rede einer Sequenz in einem Film entspricht. Ordnen Sie jetzt die einzelnen Elemente. Filmer und Fernsehschaffende nennen es Storyboard: das Szenenbuch, das Drehbuch, die chronologisch geordnete Darstellung aller Einstellungen.

Eine Rede ist wie ein Film oder ein Theaterstück: ein Wechselspiel von attraktiven und bedächtigen Momenten, von längeren und kürzeren Szenen, von turbulenten, emotionalen und ruhigen Passagen, von Lautem und Leisem. Auf den Mix kommt es an. Eine Rede – das ist viel Dramaturgie.

Da sich Jung und Alt heute schneller langweilen, wird eine attraktive Dramaturgie immer wichtiger. Mit spannenden, farbigen Passagen müssen die Zuhörer, die Studenten, die Schüler, die Sitzungsteilnehmer immer neu gefesselt werden.

Versuchen Sie, Spannung aufzubauen. Verschießen Sie das Pulver nicht auf einmal, dosieren Sie es. Lassen Sie die Katze nicht allzu schnell aus dem Sack, locken Sie sie nach und nach heraus.

Legendär ist die Präsentation von Steve Jobs: Eine Stunde lang stellte er das neue McBook Air vor. Er sprach und sprach, lobte das »revolutionäre Gerät« in allen Tönen, ohne das neue Wunderding zu zeigen. Das Publikum hing an seinen Lippen. Zeig es uns endlich, wie sieht es denn aus? Dann, nach einer Stunde, die Erlösung: Hier ist es, so sieht es aus!

Das Wichtigste: der Anfang und der Schluss

Machen Sie sich bewusst, wie wichtig der Anfang und der Schluss Ihrer Rede sind. Das Ende sollten Sie schon im Kopf haben, bevor Sie mit dem Verfassen des Textes beginnen.

Der Gründer und frühere Herausgeber des deutschen Nachrichtenmagazins *Der Spiegel,* Rudolf Augstein, witzelte provokativ: Der erste Satz macht 40 Prozent eines Artikels aus; der letzte Satz weitere 40 Prozent. Für den eigentlichen Artikel bleiben 20 Prozent.

Auch wenn das überzeichnet ist: Mit dem ersten Satz entscheidet sich, ob der Leser weiterliest bzw. das Publikum aufmerksam zuhört oder abschweift. Und der Schlusssatz ist das Finale. Er hinterlässt den letzten Eindruck. Mit ihm überreichen Sie den Zuhörern – bildlich gesprochen – Ihre Visitenkarte.

»Schreibe den ersten Satz so, dass die Leser unbedingt auch den zweiten Satz lesen wollen«, sagt William Faulkner. Die ersten Seiten eines Buches entscheiden darüber, ob sie gebannt weiterlesen oder es zur Seite legen. Beim Lesen der ersten Zeilen eines Artikels findet sofort ein innerer Entscheidungsprozess statt, ob der Artikel interessant ist. Mit den ersten Worten einer Rede muss man also die Aufmerksamkeit des Publikums gewinnen, Zuhörerinnen und Zuhörer wachrütteln, sie fesseln, ihr Interesse wecken und Spannung aufbauen.

Vermeiden Sie langweilige, theoretische, abstrakte Einleitungen. Damit verliert man das Publikum gleich zu Beginn. Und, um Himmels willen, beginnen Sie nicht bei Karl dem Kühnen. Wissenschaftler präsentieren manchmal in der Einleitung das Inhaltsverzeichnis ihrer Rede. Das mag didaktisch richtig sein, obwohl man das Verzeichnis natürlich nicht im Kopf behalten kann: Oft schlafen die Zuhörer schon am Anfang ein.

Beginnen Sie Ihre Rede mit einer klar formulierten, markanten Aussage. Sie kann durchaus provokativ sein. Überraschen Sie! Stellen Sie eine verblüffende Behauptung auf. Beginnen Sie mit einer provokativen Frage. Oder mit einer kurzen, selbst erlebten Geschichte.

- Eine neue Umfrage zeigt, dass die Manager heute trotz Abzocker-Initiative noch mehr verdienen als früher.
- Wissen Sie, dass der Mensch bald einmal 130 Jahre alt wird?

- Wissen Sie, dass Napoleon gar nicht so klein war? Er war zehn Zentimeter größer, als wir glaubten.
- Wissen Sie, dass Schweizer Bier gar kein Schweizer Bier ist? Hopfen und Malz stammen aus dem Ausland.

Abschreckende erste Worte

Mit der Begrüßung setzen Sie ein Zeichen. Vermeiden Sie deshalb abgedroschene Sätze wie: »Es ist schön, dass Sie an diesem heißen Sommertag doch hierher und nicht ins Schwimmbad gefunden haben.« Oder: »Man sagte mir, ich dürfe über alles reden, nur nicht über 30 Minuten.« Das wirkt peinlich.

Eine verbreitete Marotte ist, sich auf den Vorredner zu beziehen. »Wie mein Vorredner schon gesagt hat, befindet sich unsere Landwirtschaft an einem Scheideweg.« Was der Vorredner gesagt hat, wissen wir, jetzt wollen wir wissen, was Sie sagen.

Entschuldigen Sie sich nicht, dass Sie kein geübter Redner sind oder dass Sie keine Zeit hatten, sich intensiv auf diese Rede vorzubereiten. Entschuldigen Sie sich nie – oder nur, wenn Sie im Stau steckengeblieben sind und das Publikum auf Sie warten musste.

Natürlich können Sie Ihren Auftritt mit einer Plattitüde einleiten: »Ich danke Ihnen für die Einladung.« Oder: »Guten Tag, meine Damen und Herren, es freut mich, Ihnen meine Gedanken zur neuen Masttierordnung darlegen zu dürfen.« Doch verzichten Sie auf allzu abgelutschte Belanglosigkeiten.

Vielleicht wollen Sie sich vorstellen. Es gibt Redner, die sprechen zunächst drei Minuten über ihre fabelhaften Leistungen und Diplome. Das wirkt egomanisch und schreckt nur ab.

Eine Auswahl abschreckender Phrasen:
- Es freut mich, dass Sie so zahlreich gekommen sind.
- Ich danke Ihnen, dass Sie den weiten Weg zu uns gekommen sind.

- Es freut mich, dass ich vor einem so erlauchten Publikum sprechen darf.
- Es ist mir eine Ehre, vor solch wichtigen Leuten wie Ihnen auftreten zu dürfen.
- Ich hoffe, ich werde Sie nicht langweilen.
- Keine Angst, ich spreche nicht allzu lange.
- Es freut mich, dass ich bei Ihnen sprechen darf.
- Ich hoffe, Sie hören mich alle gut.
- Ich bin leider kein guter Redner. Ich hoffe, Sie können mir trotzdem folgen.
- Wenn ich vor Ihnen das Wort ergreife, so möchte ich Ihnen zunächst danken, dass ...
- Also, ich beginne jetzt.
- So, mein Manuskript ist geordnet, jetzt kann ich beginnen.
- Nach der ausgezeichneten Rede meines Vorredners müssen Sie jetzt mit mir vorliebnehmen.

Schlechter Schluss – schlechte Rede

Eine gute Rede mit einem schlechten Schluss ist eine schlechte Rede. Sagen Sie nie: Jetzt komme ich zum Schluss meiner Rede. Das Publikum muss das spüren. Cicero, der als Anwalt immer wieder vor Gericht auftrat, sagte in *De Oratore,* in einer seiner Schriften zur Rhetorik, der Schluss einer Rede müsse »anfeuern oder besänftigen«. Das Wichtige müsse »vergrößert« zusammengefasst werden, »um die Gemüter der Richter so sehr als möglich zu erschüttern und für unsern Vorteil zu stimmen«.

Auch wenn Sie kein Plädoyer vor Gericht halten: Der Schluss einer Rede soll ein langsam anschwellendes Crescendo sein. Ein flammendes Finale mit einem einprägsamen Schlussakkord. Achten Sie darauf, dass Ihre Rede nicht ausfranst und unvermittelt endet. Das wäre, als ob im Theater der Vorhang fiele – und niemand hat damit gerechnet.

Versuchen Sie die letzten Sätze Ihrer Rede möglichst frei ins Publikum hineinzusprechen. Verzichten Sie auf Plattitüden wie: »Ich danke Ihnen, dass Sie so lange ausgeharrt haben.« Oder: »So, jetzt will ich Sie erlösen und beende meine Rede.« Alles schon gehört. Es ist üblich geworden, dass sich der Redner am Schluss beim Publikum fürs Zuhören bedankt. Das muss nicht sein. Eigentlich sollte sich das Publikum beim Redner bedanken. Wer mit einem klaren, einprägsamen Schlusssatz seine Rede beendet, kann mit einem netten Nicken das Podium verlassen.

Etwas flapsig war der Schlusssatz eines CEO: »So, jetzt wartet der Apéro riche auf uns. So riche ist er zwar nicht, wir müssen ja sparen. Dennoch: Prost, santé, salute.«

»Jeder kann zehn Zahlen mühelos behalten«

In seinen berühmten *Ratschlägen für einen schlechten/guten Redner* schreibt Kurt Tucholsky zynisch: »Statistiken und Zahlen beleben eine Rede. Da jeder imstande ist, zehn Zahlen mühelos zu behalten, macht das viel Spass.«

Wenn Sie Zahlen vermitteln müssen, ziehen Sie Vergleiche. So bleiben sie in Erinnerung:

- Ein F/A-18-Kampfflugzeug kostet 89 Millionen Franken. Mit diesem Geld leben anderthalb Millionen Inder ein ganzes Jahr.
- In der Schweiz werden täglich 7000 Quadratmeter Land neu verbaut. Das entspricht der Fläche eines Fußballfelds.
- In der Schweiz gibt es 4,4 Millionen Autos. Würde man alle Autos nebeneinander parken, würde damit die ganze Stadt Bern »zugeparkt«.

Ein Schweizer Wirtschaftsvertreter erwähnte in seiner 42-minütigen Rede 52 Zahlen. Wer kann 52 Zahlen behalten? Selbst wenn sie mit einer Powerpoint-Präsentation unterstützt werden, sind sie flüchtig und gehen uns sofort aus dem Sinn.

Ich fragte einen Bankenvertreter, weshalb er uns mit Dutzenden von Zahlen auf Powerpoint-Folien quält. Er sei eben ein Wirtschaftsfachmann, antwortete er. »Glauben Sie, dass jemand diese Zahlen behalten kann?« Er zuckte nur mit den Schultern.

Rhetorische Fragen und Superlative

Stellen Sie rhetorische Fragen. Das sind keine echten Fragen, denn man erwartet keine Antwort. Doch solche Fragen lockern auf, aktivieren die Zuhörer, unterbrechen den Redefluss, lassen aufhorchen und vermitteln den Eindruck, dass Sie das Publikum in Ihre Überlegungen einbeziehen.

- »Was denken Sie, wie viele Menschen jährlich auf Fußgängerstreifen sterben?« Pause. Sie geben die Antwort selbst: »Im Jahr 2013 waren es 14.«
- »Wissen Sie, wie viele Zugvögel jedes Jahr zum Überwintern von Europa nach Afrika fliegen?« Pause. »Zwei Milliarden.«
- »Fußball ist immer noch die beliebteste Sportart. Was meinen Sie, wie viele Fußballvereine gibt es in der Schweiz, 500, 1000 oder 1500?« Pause. »Es sind 1500.«

Auch richtige Fragen lockern auf. Es ist wie in der Schule. Wenn der Lehrer fragt, horchen alle auf, weil sie fürchten, antworten zu müssen.

- Fragen Sie ins Publikum: »Was glauben Sie: Wie viele Portugiesen leben heute in der Schweiz?« Wenn niemand antwortet, sprechen Sie direkt eine Person an. »Sind es 50 000, 100 000 oder 200 000?«. Es sind 200 000.

Wir leben in einer Zeit der Superlative. Wir setzen emotionale Adjektive ein, um einer Aussage Nachdruck zu verleihen. Doch Superlative und forcierende Adjektive werden derart inflationär verwendet, dass sie ihre Brisanz längst verloren haben.

»Ein furchtbarer Sturm«, »ein schreckliches Gewitter«, »ein unbeschreibliches Durcheinander« – solche Ausdrücke erschüttern uns kaum mehr. Oft verwenden Redner sie, weil sie nicht fähig sind, das Ausmaß des Schreckens so zu beschreiben, dass es unter die Haut geht.

»Im Südsudan herrscht eine katastrophale Lage«, hieß es in einem Vortrag. »Katastrophale Lage« – eine Wendung, mit der man wenig anfangen kann. Statt leere Adjektive und Superlative zu verwenden, wäre es wirkungsvoller, die Lage im Detail zu beschreiben.

- »Als wir in Juba im Südsudan die Krankenstation betraten, lagen dort fünf tote Babys. Eine gebärende Mutter starb vor unseren Augen. Da unser kleines Spital immer wieder von Rebellen beschossen wurde, getrauten wir uns nicht weit aus dem Haus und mussten die Toten im Sand vor der Krankenstation begraben.«

Das geht unter die Haut, die »katastrophale Lage« nicht. Seien Sie zurückhaltend mit Adjektiven und Superlativen. Was ist heute nicht alles »historisch«, jedes mittelmäßige TV-Sternchen ist eine »Legende« oder »Ikone«. Fesseln Sie das Publikum mit packenden Geschichten; verbrauchte Adjektive verpuffen wirkungslos.

Humor: die Leichtigkeit des Seins

In den USA ist es Pflicht, dass ein Redner gleich zu Beginn seines Auftritts einen Witz reißt. Humor kommt in den verschiedenen Kulturkreisen unterschiedlich an.

Im Hotel Waldorf Astoria in New York tritt ein Manager auf. »Good morning, Ladies and Gentlemen. Wissen Sie, welches die genügsamsten Tiere sind? Die Motten. Sie fressen nur Löcher.« Das Publikum jault. Es folgt ein Vortrag über das lahmende Konsumverhalten der Amerikaner. In Europa hätte man für solche Späße nur ein müdes Lächeln übrig.

In alemannischen Gefilden ist Zurückhaltung geboten. Oft ist der Redner der Einzige, der über seinen Witz lacht. Ironie wird nur von wenigen verstanden. Auch Moralisierendes, als Seitenhiebe verpackt, kommt nicht gut an.

Richard D. Lewis schreibt in seinem Standardwerk *Cross-Cultural Communication,* dass in der Schweiz Humor zwar akzeptiert werde, aber »nicht notwendig« sei. Die Deutschen würden »nur wenige oder keine Witzchen« akzeptieren.

Doch Redner, die sich bärbeißig, brummig und zugeknöpft geben, kommen noch weniger an. Eine Prise Leichtigkeit schadet nie.

Die Rede entschlacken
Ist die Rede fertig geschrieben, gilt es, den Text zu entschlacken. Faustregel: Kürzen Sie Ihre Rede um 20 bis 30 Prozent. Sie wird an Attraktivität gewinnen. Achten Sie darauf, dass die Übergänge zwischen den Textbausteinen stimmen. Verbinden Sie die einzelnen Abschnitte sprachlich miteinander.

Checkliste
- Haben Sie Ihre Sprache dem Publikum angepasst?
- Hat Ihre Rede einen attraktiven Anfang und einen attraktiven Schluss?
- Verfügt Ihre Rede über einen roten Faden oder weichen Sie oft auf Nebengeleise aus?
- Ist die Rede logisch aufgebaut, sind die Gedankenfolge schlüssig?
- Gibt es einen Mix aus langsamen und schnellen, spannenden und weniger spannenden Passagen?
- Besitzt Ihre Rede einige lebhafte, auflockernde Elemente?
- Haben Sie nicht zu viele Zahlen eingebaut?
- Können Sie noch einige Passagen kürzen?

- Haben Sie Schachtelsätze, Nebensätze möglichst vermieden?
- Ist Ihre Rede frei von Fachchinesisch, Management-Speak, hochtrabenden, inhaltslosen Wendungen?

Halten Sie sich an Kurt Tucholskys *Ratschläge für einen guten Redner:*
- Hauptsätze, Hauptsätze, Hauptsätze.
- Klare Disposition im Kopf – möglichst wenig auf dem Papier.
- Tatsachen oder Appell an das Gefühl. Schleuder oder Harfe. Ein Redner ist kein Lexikon. Das haben die Leute zu Hause.
- Der Ton einer einzelnen Sprechstimme ermüdet; sprich nie länger als 40 Minuten.
- Suche keine Effekte zu erzielen, die nicht in deinem Wesen liegen. Ein Podium ist eine unbarmherzige Sache – da steht der Mensch nackter als im Sonnenbad.
- Merk Otto Brahms Spruch: Wat jestrichen is, kann nich durchfalln.

Helfende Geister

Cicero, der begnadetste Redner der Römischen Antike, hatte alle seine 58 berühmten Reden selbst verfasst. Kaiser Nero ließ seine Ansprachen von einem Ghostwriter schreiben, was nicht üblich war.

Heute schreibt kaum ein wichtiger Politiker oder Konzernchef seine Reden durchweg selbst. Auch Bundesräte haben ihre schreibenden Geister – nicht nur Willi Ritschard, dessen Reden von Peter Bichsel komponiert wurden. Eine Ausnahme war Moritz Leuenberger. Er, der Schöngeist, liebte es, viele seiner Reden selbst zu schreiben.

Natürlich können Politiker, die jeden zweiten Tag eine Rede halten müssen, nicht alle ihre Texte selbst schreiben. Den meisten Persönlichkeiten, die im Rampenlicht stehen, fehlt die Zeit dazu. Doch nicht nur sie greifen auf Ghostwriter zurück. Viele Biografien großer Menschen wurden von anderen, von anonymen Geistern geschrieben. Längst nehmen auch Möchtegern-Doktoranden, die das Zeug für eine Dissertation nicht haben, den Dienst von Ghostwritern in Anspruch.

»Ghostwriting in the English-speaking world is big business«, schreibt Robert McCrum in der britischen Zeitung *The Guardian* am 27. Juli 2014. Dies gilt nicht nur in der englischsprachigen Welt: Für eine gute Rede zahlen heute wichtige Personen oder wichtige Unternehmen bis zu 40 000 Franken. Es gibt geniale Ghostwriter, große Schriftsteller. Manche dieser Reden sind eigentliche Chef-d'Oeuvres mit viel Geist und wirkungsvollen Pointen. Doch es gibt auch andere.

Da die Wirtschaft, das Geschäftsleben, immer anspruchsvoller, komplizierter und regulierter wird, nimmt die Bedeutung von Juristen zu. Die Rechtsabteilungen in den Betrieben wachsen und wachsen. Juristen verstehen viel vom Recht und von Gesetzen, aber rhetorisch sind sie oft keine Virtuosen. »Jura ist eine Wissenschaft, die sich fast ausschließlich mit Sprache beschäftigt«, erklärt Thomas Fischer, Strafrechtsexperte und vorsitzender Richter am Bundesgerichtshof in Karlsruhe in der *Neuen Zürcher Zeitung* vom 3. November 2014. »Doch über kommunikative Fähigkeiten verfügen die wenigsten Juristen.« Die Folge ist, dass viele Reden in einem unergründlichen und unfassbaren Juristen-Aktendeutsch präsentiert werden.

Wenn Sie solche Texte vortragen, versuchen Sie, zumindest einige Passagen Ihrer eigenen Sprechweise anzupassen. Doch oft nehmen sich die Redner, die ein bestelltes Referat ablesen müssen, keine Zeit, den Text vorher zu studieren. So ergriff bei der Veranstaltung einer Bank ein Topmanager das Wort. Er verhaspelte sich, verlor sich in den Zeilen und Seiten und wühlte im Text. Eigentlich hatte er keine Ahnung, was er da vorlas. Er hatte das Manuskript noch nie gelesen.

George W. Bush hat in einer Rede im Genfer UNO-Palast einen langen Abschnitt seiner Ansprache zweimal gelesen. Er hat es nicht gemerkt.

To take away

- Es gibt keine trockene Materie, es gibt nur trockene Redner.
- Illustrieren Sie Ihre Rede mit Geschichten, selbst Erlebtem, Anekdoten, Gleichnissen.
- Stellen Sie Menschen in den Mittelpunkt.
- Verzichten Sie auf zu viele Zahlen und Abstraktes.
- Eine Rede ist ein Wechselspiel von attraktiven und bedächtigen Momenten, von längeren und kürzeren Szenen, von turbulenten, emotionalen und ruhigen Passagen.
- Das Wichtigste ist der Anfang und der Schluss Ihrer Rede.
- Stellen Sie Fragen.
- Verzichten Sie auf Superlative und inhaltslose Adjektive.
- Wenn Sie die Rede verfasst haben, kürzen Sie sie – sie wird besser.

Ihr großer Auftritt

I did it my way

Sie haben ein scharfes, unverwechselbares Profil, Sie präsentieren Ihre eigene Meinung, Sie illustrieren Ihre Botschaften mit packenden Geschichten, Sie vermitteln eine präzise Kernbotschaft, Sie kennen die Regeln der nonverbalen Kommunikation, Sie sind dem Publikum entsprechend gekleidet – all das genügt noch nicht.

Versuchen Sie, sich vor einem Auftritt in eine gute Stimmung zu versetzen. Einem schlecht gelaunten Redner hört man nicht zu. Wer müde, abgehetzt oder schlechter Laune ist, hat es schwer, Zuhörerinnen und Zuhörer zu begeistern.

Ich kenne einen Manager, der steckt sich vor einem Auftritt Kopfhörer in die Ohren und hört das immer gleiche Stück: Frank Sinatra, *I did it my way*. Das versetzt ihn in eine muntere, gelöste Stimmung. Andere treiben Sport. Wer eine halbe Stunde locker durch den Park joggt, baut Spannung ab und tritt entspannter vors Publikum. Auch ein Besuch im Fitnessstudio kann Wunder bewirken.

Noch ein Trick: Stellen Sie sich vor dem Auftritt vor den Spiegel und lächeln Sie. So dümmlich das aussehen mag, es bewirkt etwas. Vielleicht lachen Sie dann über die seltsame Übung und Ihr gequältes Gesicht – aber Sie lachen wenigstens und entspannen sich.

Sich Raum schaffen

Für einen guten Auftritt brauchen Sie Raum um sich herum. Lassen Sie sich nie irgendwo zwischen Stuhl und Bank einquetschen. Sitzen Sie nie gedrängt Schulter an Schulter an einem Konferenztisch. Sie brauchen ein Aktionsfeld um sich herum. Sie müssen das Gefühl haben, mit den Armen ausholen zu können, einige Schritte hin- und hergehen zu können – auch wenn Sie es nicht tun.

Bewegungsfreiheit steigert Ihre Selbstsicherheit. Wenn Sie Platz um sich herum haben, wird ihr Auftritt kraftvoller. Halten Sie nie die Hände auf dem Rücken oder in den Hosentaschen. Sie sind ja nicht Matteo Renzi oder Yanis Varoufakis.

Nicht nur Südländer gestikulieren beim Reden. Wir alle beschreiben und akzentuieren mit den Händen das Gesagte. Reicht uns die gesprochene Sprache nicht, um etwas mitzuteilen? Gesten sind Teil der Sprache. Nordländer gestikulieren mit den Händen, Südländer mit Händen, Armen, Schultern und dem Kopf. Gestikulieren Sie! Setzen Sie diese natürlichen Gesten ein, aber versuchen Sie nicht zu übertreiben. Hastige Gesten wirken nervös. Und üben Sie keine Gesten ein. Das wirkt unnatürlich.

Troubles vor der Rede

Ist Ihnen das auch schon passiert? Alles ist vorbereitet. Im Saal sitzen 150 Leute. Sie stehen hinter dem Rednerpult und wollen beginnen. Plötzlich pfeift ein Lautsprecher. Das Mikrofon funktioniert nicht, das Headset rutscht, der Tonpegel ist falsch eingestellt. Und natürlich wirft der Beamer nur blaue Bilder auf die Leinwand. Kommt alles vor.

Wir schicken Sonden auf den Mars und den Kometen »Tschuri«, aber es gelingt uns nicht, den Pfeifton eines Mikrofons im Saal abzustellen. All das ist ärgerlich, führt zu Verzögerungen, erhöht Ihre Nervosität und mindert schon am Anfang die Aufmerksamkeit des Publikums.

Bei einem wichtigen Kongress traten zwei Frauen mit einer komplexen Powerpoint-Präsentation auf. Schon beim ersten Slide versagte die Technik. Der Computer rasselte alle Bilder im schnellen Ablauf durch.

Anschließend trat ein Redner auf. Noch immer versagte die Technik. Auch er musste auf seine Powerpoint-Präsentation verzichten. Mit Humor und Phantasie erklärte er dem Publikum schließlich, was man jetzt auf den Slides sehen *würde*. Die Zuhörer klatschten. Wie reagieren Sie, wenn Sie einen Powerpoint-Vortrag vorbereitet haben und die Technik versagt?

Große Unternehmen ziehen eine professionelle Crew bei, die perfekte Ton- und Bildwiedergaben garantiert. Bei kleineren Anlässen fehlt eine solche Unterstützung oft. Häufig wird am falschen Ort gespart. Technische Pannen färben immer auch auf den Redner ab. Versuchen Sie, technische Probleme nicht zu Ihrem Problem werden zu lassen.

Es knallt und keiner hört zu
Wir wissen: Die ersten Worte sind fast die wichtigsten. Mit einem Knalleffekt wollen Sie erreichen, dass das Publikum gleich zu Beginn aufhorcht. Doch da gibt es ein Problem. Meist ist das Publikum am Anfang Ihrer Rede noch unruhig. Es dauert eine Zeit, bis die Leute merken, dass da überhaupt jemand zu sprechen begonnen hat. Man legt das Programmheft weg, man schaltet das Handy aus, man macht es sich gemütlich auf dem Stuhl, man packt die Dokumentation in die Mappe. Der Knalleffekt knallt – und niemand hört ihn.

Es gibt zwei Möglichkeiten eines guten Starts:
* Ideal ist, wenn Sie von einer anderen Person begrüßt und anmoderiert werden. »Darf ich jetzt Frau X ans Rednerpult bitten, bitte Frau X.«

- Wenn kein Moderator da ist, wenn Sie nicht eingeführt werden, sagen Sie: »Guten Tag, meine Damen und Herren.« Machen Sie dann eine Pause, schweifen Sie mit Ihrem Blick über den ganzen Saal. So lange, bis Ruhe einkehrt. Jetzt kann der Paukenschlag kommen.
- Räuspern Sie sich nicht, wenn das Mikrofon schon offen ist. Wenn Sie sich räuspern müssen, treten Sie kurz zurück.
- Klopfen Sie nicht ans Mikrofon. Machen Sie keinen Soundcheck, die Technik ist nicht Ihr Problem. Sagen Sie nicht: Kann man mich hören?
- Wenn keine Ruhe im Saal herrscht, sagen Sie: »Darf ich Sie um Ihre Aufmerksamkeit bitten.«

Sind noch alle da?

Je kleiner der Saal, desto einfacher ist es, mit den Anwesenden Augenkontakt aufzunehmen. Und umgekehrt: Je größer der Saal und das Publikum, desto weiter weg sind Sie vom Publikum – desto fremder sind Sie für Zuhörerinnen und Zuhörer. Ihre Aufgabe muss es sein, die Gäste im Saal – auch wenn sie weit weg sitzen – »einzufangen«.

Durch Blickkontakte können Sie eine Beziehung zum Publikum aufbauen. Werfen Sie immer wieder einen ruhigen Blick in alle Richtungen des Saals. Wichtig ist, dass Sie nicht immer in die gleiche Richtung schauen. Hastige Blickkontakte offenbaren Nervosität. Wenn Sie in einem kleineren Saal vor höchstens zwanzig Leuten sprechen, ist es Pflicht, dass Sie alle Anwesenden mindestens einmal anschauen. Ist das Publikum größer, genügt ein Blick in alle Richtungen des Saals. Doch jeder und jede soll die Illusion haben, dass Sie ihn oder sie ab und zu anblicken.

Je mehr Sie Ihre Rede ablesen, desto mehr verabschiedet sich das Publikum von Ihnen. Wer sich in sein Manuskript verkriecht, verliert den Kontakt zu den Zuhörerinnen und Zuhörern.

Wenn Sie aber ablesen, lesen Sie wenigstens flüssig ab. Auch das will vorbereitet und gelernt sein. Wenn man spürt, dass Sie sich mit dem Text quälen, Satzteile wiederholen und sich mehrmals versprechen – haben Sie das Publikum verloren.

Vielleicht gehören Sie zu den Glücklichen, die 50 Minuten lang frei sprechen können. Gelingt Ihnen das nicht, üben Sie Ihre Rede mit dem Manuskript, bis Sie so sicher sind, dass Sie immer wieder aufblicken können. Ziel muss sein, möglichst viele Passagen frei vorzutragen. Schaffen Sie es, einen Drittel Ihrer Rede frei ins Publikum zu sprechen?

Wenn Sie frei sprechen, schreiben Sie zumindest den Anfang und den Schluss der Rede auf und memorieren Sie den Text. Es gibt nichts Unangenehmeres, als wenn Sie gleich am Anfang nach Worten ringen müssen.

Oder ironisch mit Kurt Tucholsky: »Sprich nicht frei – das macht einen so unruhigen Eindruck. Am besten ist es: du liest deine Rede ab. Das ist sicher, zuverlässig, auch freut es jedermann, wenn der lesende Redner nach jedem vierten Satz misstrauisch hochblickt, um zu schauen, ob auch noch alle da sind.«

Von Kröten, Versprechern und Zwischenrufen

Wenn Sie eine Rede halten, stellt man Ihnen ein Glas Wasser hin. Das soll die Kröten im Hals hinunterspülen. Es gibt Redner, die trinken und trinken, obwohl sich keine Kröte manifestiert. Meist ist dies ein Zeichen von Nervosität. Lassen Sie das Wasser stehen, wenn Sie es nicht brauchen. Fidel Castro, der Marathonredner, hat schon sieben Stunden ohne Pause geredet – und keinen einzigen Schluck Wasser getrunken.

Bereiten Sie Ihre Stimme vor dem Auftritt vor. Machen Sie in einem ruhigen Moment ein paar Stimmübungen, summen Sie leise vor sich hin, in allen Tonlagen. Das »ölt« Ihre Stimmbänder.

Doch auch wenn die Stimme gut vorbereitet ist, die Rede sorgfältig ausgearbeitet, der Auftritt lange geübt, der Text mehrmals durchgesprochen – es kann passieren, dass Sie sich schon beim dritten Satz versprechen. Manche Redner fallen dann aus dem Konzept und werden nervös.

Sie nicht. Sie sagen:»Na, ich versuch's nochmals« oder »So sollte dieser Satz heißen«. Oder:»So, jetzt bin ich glücklich, dass ich diesen Satz zustande gebracht habe.« Oder:»Ich stolpere immer wieder über den gleichen Satz.« Sprechen Sie ein Missgeschick kurz an, so schaffen Sie im Publikum Sympathie und lindern Ihre Nervosität.

Und wenn ein Handy im Saal klingelt? Überhören Sie es. Der Besitzer des Handys wird sich schämen und es sofort abstellen. Schämt er sich nicht und antwortet er, sagen Sie:»Richten Sie Ihrem Kollegen aus, er soll auch herkommen, es gibt hier einen spannenden Vortrag.« Falls Sie diesen Witz schon zu oft gehört haben, erfinden Sie einen eigenen.

Vielleicht verläuft Ihre Rede nicht nach Plan. Vielleicht sitzen im Publikum Leute, die Sie nicht mögen und Sie durch Zwischenrufe stören. Wenn Sie sich aus der Fassung bringen lassen, ist die Störung geglückt.

Überhören Sie die Zwischenrufe zunächst. Oft verstummen sie dann. Das Publikum ist in der Regel auf Ihrer Seite. Es empfindet Zwischenrufe als Belästigung.

Hören die Zwischenrufe nicht auf, können Sie so reagieren:
- »Einen Moment bitte, dazu werde ich gleich etwas sagen.«
- »Merken Sie eigentlich nicht, dass Sie hier stören. Die anderen Leute möchten zuhören.«
- »Ich bin hier, um eine Rede zu halten, lassen Sie mich bitte reden.«
- »Sie können mir gerne im Anschluss an diese Veranstaltung Ihre Meinung mitteilen. Aber lassen Sie mich jetzt reden.«

- »Ich bitte Sie, lassen Sie mich ausreden. Sie können Ihre Meinung in der anschließenden Diskussion kundtun.«
- »Ich bitte Sie, lassen Sie mich reden. Ich glaube, das Publikum hier mag Ihre Zwischenrufe nicht.«
- »Die Dinge sind sehr viel komplizierter, als Sie sie darstellen.«
- »Dazu habe ich schon Besseres gehört, aber nicht von Ihnen.«
- »Ich bin froh, dass wir einen Experten unter uns haben. Schade, dass wir Sie nicht als Keynote-Speaker eingeladen haben. Jetzt müssen Sie eben mit mir vorliebnehmen.«

Konnten Sie überzeugen, gibt es Widerspruch?

Ihr Auftritt ist zu Ende. Das Publikum klatscht. Jetzt beginnt eine heikle Phase: Jetzt können die Anwesenden Fragen stellen. Es zeigt sich nun, ob Sie sattelfest sind.

Die Rede konnten Sie vorbereiten. Jetzt aber stehen Sie im Schussfeld. Das Kreuzverhör beginnt und Sie erfahren, ob Ihre Rede angekommen ist, ob Sie überzeugen konnten oder ob es Widerspruch gibt.

Verhindern Sie, dass die Diskussion ausufert. Als Faustregel gilt: Die Fragerunde sollte nicht länger als eine Viertelstunde dauern. Geben Sie die Spielregeln durch – oder lassen Sie das den Moderator bzw. die Moderatorin tun.

- Der Moderator sagt vor Ihrer Rede: »Jetzt gebe ich Frau Y das Wort. Nach ihren Ausführungen wird sie gerne noch einige Fragen aus dem Publikum beantworten.«
- Nach der Rede sagt Frau Y: »Jetzt beantworte ich gerne einige Fragen aus dem Publikum.« Oder: »Wir haben noch eine Viertelstunde Zeit für Fragen aus dem Publikum.«
- »Jetzt haben wir für einige wenige Fragen Zeit. Darf ich Sie bitten, je nur eine Frage zu stellen, damit sich möglichst viele äußern können.«

Stellen Sie sich vor, Sie besuchen ein Podium. Die Rede ist zu Ende. Der Referent ist erleichtert, dass alles gut gelaufen ist. Schon stellt jemand aus dem Publikum eine erste Frage. Doch der Redner trinkt einen Schluck Wasser, er ist dabei, sein Manuskript einzupacken, er schaut auf die Uhr. Auf dem Smartphone prüft er, ob eine Message eingegangen ist. Dann hört er noch ein Kompliment seines Nachbarn auf dem Podium.

Der Fragesteller steht hilflos und auch etwas verärgert da – man hört ihm nicht zu. Zuhören muss gelernt sein. Bill Clinton sagte: »It's easier to be a good talker than a good listener.«

Stellt jemand nach Ihrer Rede eine Frage, signalisieren Sie Interesse, schauen Sie ihm oder ihr in die Augen. Sie haben mit Ihrer Rede einen guten Eindruck hinterlassen. Zerstören Sie diesen Eindruck nicht, indem Sie die Fragen oberflächlich beantworten.

Weil er genau das getan hat, hat George H. Bush – unter anderem – die Wahlen gegen Bill Clinton 1992 verloren. Jerry Weissman beschreibt in seinem Buch das Fernsehduell zwischen Bush und Clinton im Detail. Eine junge schwarze Frau fragt Bush, ob ihn die wirtschaftlichen Schwierigkeiten im Land persönlich betreffen. Sie betont »persönlich«. Georg H. Bush schaut während der Frage auf die Uhr. Er antwortet mit abgedroschenen Phrasen: »The national debt effects everybody ...«

Clinton wird die gleiche Frage gestellt. Er schaut der jungen Frau in die Augen: »I have seen what's happened in this last four years when people lose there jobs, there's a good chance I'll know them by their names. When a factory closes, I know the people who ran it. When the business goes bankrupt, I know them.«

Keine blasierten Stereotypen: in die Augen schauen, human touch, »I have seen«, »I know the people«. Die Meinungsumfragen am Tag danach wiesen Clinton als klaren Sieger aus.

Die Horrorvorstellung jedes Redners

Es gibt Querulanten und Besserwisser. Endlich haben sie eine Bühne und können ihrer Meinung Luft machen. Ihre Fragen sind oft konfus. Immer wieder werden persönliche Begebenheiten erzählt. Immer wieder werden Themen aufgeworfen, die nichts mit dem Referat zu tun haben. Die Fragenden hören gar nicht zu, was Sie sagen. Sie warten nur darauf, bis Sie endlich fertig sind, damit sie selbst loslegen können.

Es ist die Aufgabe des Moderators, solche Leute zu bremsen. Wenn kein Moderator da ist, ist es Ihre Aufgabe als Redner. Wenn jemand im Saal ein Mikrofon herumgibt, weisen Sie diese Person im Vorfeld an, dass sie dem Fragesteller nach jeder Frage das Mikrofon wieder abnehmen und sich entfernen soll. So verhindert man, dass jemand nachfragt und nachfragt.

Oft werden in einer solchen Fragerunde gar keine Fragen gestellt, sondern Monologe gehalten. Horrorvorstellung jedes Redners ist es, wenn jemand im Publikum aufsteht und drei A4-Blätter aus der Tasche zieht. Genau das geschah mir während einer Podiumsdiskussion zu einem Abstimmungsthema. Als ich den Gast nach der ersten vorgelesenen Seite sachte unterbrach, klatschte das Publikum.

Jemandem ins Wort zu fallen, gilt als unanständig. Es braucht viel Fingerspitzengefühl, den Fragenden im richtigen Augenblick zu unterbrechen. Nicht immer gelingt das.

Unterbrechen Sie diese Leute sanft: »Das ist alles interessant, was Sie sagen, aber was ist denn Ihre Frage?« Oder kurz: »Bitte stellen Sie jetzt die Frage.« Bei aggressiven, impertinenten Fragenden: »Wenn alle so lange Fragen stellten wie Sie, würden wir noch um Mitternacht hier sitzen.« Wenn ein Ausufern droht, sagen Sie: »Hat jemand noch eine ganz wichtige Frage, ansonsten möchte ich diese Diskussion abschließen.«

»Sie haben mir einen Schrecken eingejagt«

Vielleicht stellt niemand nach Ihrem Auftritt eine Frage. Dann haben Sie das Publikum entweder förmlich erschlagen oder das Thema ist so sensibel, dass sich niemand traut, eine Frage zu stellen. Oder man will jetzt einfach endlich ein Glas Wein trinken. Fassen Sie das nicht als Kritik an Ihrem Auftritt auf.

Wenn das Publikum aus Leuten besteht, von denen sich viele kennen, werden oft keine Fragen gestellt. Gerade bei kontroversen, emotionalen und/oder politischen Themen will man nicht, dass der Nachbar den eigenen Standpunkt kennenlernt.

Wenn ich ein Podium geleitet habe, kam es immer wieder vor, dass ich mich mit dem Mikrofon unter die Zuhörer gemischt habe: »Wer möchte eine Frage stellen?« Da sah ich in ängstliche Gesichter. »Ich doch nicht! Ich will mich nicht exponieren.« Einmal stellte ich mich vor einen Zuhörer und sprach ihn direkt mit einer Frage an. Das kam nicht gut an. Genau ein Jahr später traf ich ihn bei einem anderen Anlass. »Sie haben mir damals einen Schrecken eingejagt«, sagte er.

Wenn keine Fragen gestellt werden, kommt das manchen Organisatoren gelegen. Nach Generalversammlungen beispielsweise werden Fragen aus dem Publikum oft nur als lästig empfunden. Man betrachtet die Fragesteller insgeheim als mögliche Störenfriede, die unangenehme Themen aufgreifen könnten.

Da sagte ein Moderator an einer Generalversammlung: »So, und jetzt noch kurz: Wer möchte eine Frage stellen? Bitte kurz. Unser CEO ist müde, er ist eben aus Hongkong angereist.«

Oder: »Ich danke Frau Y für ihre interessanten Ausführungen. Wer möchte noch eine Frage stellen, aber bitte kurz, wir haben Hunger und möchten Mittagessen gehen.« Die Botschaft ist klar: »Was Sie, verehrtes Publikum, denken, interessiert uns gar nicht. Wir gehen jetzt essen.«

Anekdote: Berlusconis Claqueure

Es gibt Organisatoren, die verlangen, dass das Publikum die Fragen vorher schriftlich einreicht. Man begründet dies damit, dass man ähnliche Fragen zusammennehmen will. Das kommt nicht gut an. Das Publikum hat den Eindruck, dass die Redner nicht fähig sind, spontan zu antworten.

Grotesk ist, wenn Politiker Fragen bestellen. Als Berlusconi im April 2008 erneut zum Ministerpräsidenten gewählt wurde, veranstaltete er in seinem Wahl-Hauptquartier, im römischen Stadtteil EUR, einen gigantischen Medienauftritt.

Ich war eine von etwa hundert Journalistinnen und Journalisten, die auf seine erste Erklärung nach der Wahl warteten. Im Saal befanden sich etwa hundert meist junge Claqueure, die nach jedem Satz Berlusconis jubelten.

Doch was wir nicht wussten: Alles war gezielt vorausgeplant. Die Journalisten, die eine Frage stellen durften, waren zuvor ausgewählt worden. Da trat dann – live übertragen vom Fernsehen – eine hübsche spanische Journalistin auf und fragte: »Herr Präsident, wie erklären Sie sich Ihren phantastischen Sieg?« Berlusconi lehnte sich zurück. »Das Volk liebt mich eben.« Die Claqueure jubelten.

Debriefing. Waren Sie gut?

Sie haben am Ende Ihrer Rede einen kräftigen Schlusspunkt gesetzt, der dem Publikum unter die Haut ging: ein Crescendo, ein Finale, einen Paukenschlag. Jetzt – nach der Fragerunde – müssen Sie den definitiven Schlusspunkt formulieren: den Schluss des Schlusses.

Bereiten Sie sich vor: Es soll ein versöhnlicher, gut verständlicher Schluss mit einem Aha-Effekt sein. Wieso nicht noch ein kurzes persönliches Erlebnis, eine Anekdote? Mit diesem letzten Eindruck gehen die Leute dann nach Hause. An ihm werden Sie gemessen. Das letzte Bild bleibt haften.

Nun kommt der letzte Teil. Ihr persönliches Fazit. Sind Sie zufrieden mit sich? Was für ein Feedback haben Sie bekommen? Wo denken Sie, könnten Sie künftig besser werden? Fußballcoaches schauen sich die Fernsehaufzeichnungen ihrer Spiele mit der ganzen Mannschaft an und besprechen jeden Spielzug.

Ich filme jeweils die Auftritte der Klienten, die ich betreue. Anschließend analysieren wir den Auftritt. War er überzeugend, wie war die Sprachmelodie, wurde zu viel abgelesen, gab es genügend Blickkontakt mit dem Publikum, wirkte der Redner sicher, wie war die nonverbale Kommunikation, fuchtelte die Rednerin zu stark mit den Händen, war es ruhig im Saal? Man kann nur besser werden, wenn man sich selbst betrachtet. Von Zeit zu Zeit lohnt sich ein professionelles Debriefing.

To take away

- Versetzen Sie sich vor einem Auftritt in eine gute Stimmung.
- Planen Sie genügend Zeit für den technischen Check ein.
- Beginnen Sie erst zu sprechen, wenn es ruhig ist im Saal.
- Werfen Sie während des Redens immer wieder einen Blick in alle Richtungen des Saals.
- Versuchen Sie, lange Passagen frei zu sprechen.
- Lassen Sie die anschließende Diskussion nicht ausufern: 15 Minuten sind meist genug.
- Bereiten Sie Antworten auf kritische Fragen vor.
- Bringen Sie freche, konfuse Fragen auf eine sachliche Ebene.
- Setzen Sie nach der Schlussdiskussion einen attraktiven Schlusspunkt.
- Leisten Sie sich ab und zu ein professionelles Debriefing.

Lampenfieber
Nasse Hände, Schweißausbruch

Ein Saal voller Menschen ist für viele ein Albtraum. Ich kenne Frauen und Männer, die können vor einem Auftritt einige Nächte lang kaum schlafen. Ein Manager erzählte mir, er hätte geträumt, jemand hätte kurz vor seiner Rede sein Manuskript gestohlen. Seine Füße seien am Boden geklebt, als er dem Dieb nachrennen wollte.

Ich habe 25 Jahre an vorderster Medienfront gearbeitet. 15 Jahre lang moderierte ich die Hauptausgabe der Tagesschau. Die häufigste Frage, die mir gestellt wurde, war: »Haben Sie eigentlich noch Lampenfieber vor einer Sendung?«

Eine Tagesschau ist eine komplizierte, anspruchsvolle Sendung. Sie besteht aus Dutzenden von Einzelteilen, die wie Rädchen in einem Uhrwerk zusammenwirken. Da kann viel schiefgehen. Meist werden während der Sendung noch neue Beiträge nachgeschoben, andere werden gekippt. Für Techniker, Produzenten und Moderatoren ist jede Sendung eine Herausforderung.

Keine Tagesschau geht stressfrei über die Bühne. Da alles live ist, arbeiten die Moderatoren ohne Netz. Wenn etwas schiefläuft, starren alle auf sie. Wie ziehen sie sich aus der Affäre? Wie entschuldigen sie sich? Kommen sie ins Schwitzen oder reagieren sie souverän?

Auch nach 15-jähriger Erfahrung an vorderster Front: Vor jeder Sendung war ich angespannt und aufs Höchste konzentriert, voller

Respekt und in mich gekehrt. Auch die erfahrensten Moderatoren gehen nie leichtsinnig und locker in eine Sendung. Immer schlägt der Puls höher. Ist das Lampenfieber? Ja.

Zum Glück gibt es das Lampenfieber. Es schützt uns vor Überheblichkeit und gibt uns Energie. Das Lampenfieber gehört zum Auftritt.

Ich interviewte einmal live im Studio einen bekannten Politiker. Er tänzelte vor dem Interview hin und her. Ich fragte ihn: »Sie haben doch wohl kein Lampenfieber, Sie sind ja schon lange im Geschäft.« Seine abgebrühte Antwort: »Oh nein, Lampenfieber habe ich nach meiner 25-jährigen Politkarriere nun wirklich keines mehr.« Als ich ihn nach dem Interview verabschiedete und ihm die Hand schüttelte, war sie nass wie ein feuchter Lappen.

»Erstarrtes Gebein«

Selbst Cicero, der berühmte Redner der Antike, fürchtete sich vor Auftritten und gestand, dass er am Anfang einer Rede immer sehr ängstlich sei. »Wo ist der Redner, der im Augenblick, da er spricht, nicht gefühlt hätte, wie sich sein Haar sträubte und sein Gebein erstarrte? […] Denn gerade wer am besten reden kann, der fürchtet am meisten die Schwierigkeit und den schwankenden Erfolg einer Rede und die Erwartung der Leute.«

Was tun gegen übermäßiges Lampenfieber? Es gibt nur ein Mittel: Vorbereitung. Spielen Sie den Auftritt mental in allen Einzelheiten durch. Versetzen Sie sich in einen Skirennfahrer. Schon Tage vor dem Start am Lauberhorn fährt er die Strecke mental zwanzig, dreißig Mal. Er stellt sich jede Kurve vor, jeden Pfosten, jede Unebenheit des Geländes. Er weiß, wo er die Skier laufenlassen kann, wo er vorsichtig sein muss, wo er in die Hocke gehen und wo er sich aufrichten kann.

Verinnerlichen Sie sich *Ihre* Lauberhornabfahrt: Ihren Auftritt. Das baut Spannung ab. Seien Sie auf das Schlimmste gefasst. Stellen Sie eine Art Notfallplan auf. Was tue ich, wenn das Mikrofon oder die Powerpoint-Präsentation nicht funktionieren? Wie reagiere ich, wenn mich im Saal ein Zwischenrufer belästigt – oder wenn es gar einen Tumult gibt?

Stellen Sie einen Katalog mit rabiaten, rotzigen Fragen zusammen, die man Ihnen stellen könnte. Je besser Sie auf alles vorbereitet sind, desto ruhiger treten Sie auf.

Ich kenne höchst redegewandte Politiker und Manager, die vor jedem Auftritt auf die Toilette gehen, tief durchatmen, die Hände kalt waschen und sich zuvor jedes Detail ihres Auftritts verinnerlichen.

Versuchen Sie, frühzeitig am Ort des Geschehens zu sein. Wie viele Redner gibt es, die das Haus oder den Saal nicht finden und pustend im letzten Moment eintreffen. Entspannt sind sie dann bestimmt nicht. Zeitmanagement gehört auch zum Management des Lampenfiebers.

Und plötzlich: Blackout

Trotz aller Vorbereitung kann das Unerwünschte eintreten. Ich spreche von einem der erfahrensten Redner im Land. Locker geht er auf der Bühne hin und her. Er spricht frei und flüssig. Und plötzlich: Er ist blockiert, er weiß nicht weiter. Licht aus. Als ob der Zugriff auf die Festplatte plötzlich verweigert würde. Vor einem Blackout ist niemand gefeit. Jetzt steht er da, der »Kaiser ohne Kleider«.

Es gibt Menschen, denen zittern dann die Knie. Sie müssen sich am Rednerpult festhalten. Andere haben Schweißausbrüche. Wieder anderen verschlägt es die Stimme. Liegt das Manuskript vor Ihnen, ist die Gefahr eines Blackouts gering. Doch auch dann gibt es schreckliche Momente. Plötzlich weiß man nicht mehr, was man schon abgelesen hat. Einem Redner fiel das ganze Manuskriptbündel aus den zitternden Händen.

Wenn Sie frei sprechen, ist die Gefahr eines Blackouts real. Sie ist umso realer, wenn die Rede nicht logisch aufgebaut ist und keinen roten Faden hat.

Umgekehrt: Wer eine geradlinige Rede konzipiert hat, wenn sich jeder Gedanke aus dem vorangegangenen entwickelt, ist ein Blackout selten.

Schreiben Sie die Stichworte Ihres Storyboards in der richtigen Reihenfolge auf. Halten Sie diesen Zettel bereit, auch wenn Sie frei sprechen. Das reduziert die Gefahr von Aussetzern.

Ein anderer Trick: Halten Sie im Kopf oder auf einem Blatt Papier eine Anekdote bereit. Sie sollte zum Thema, das Sie behandeln, passen. Sollten Sie einen Blackout haben, sagen Sie: »In diesem Zusammenhang möchte ich Ihnen noch diese Anekdote erzählen ...« Kaum jemand im Publikum wird merken, dass »der Zusammenhang« eher oberflächlich ist. Nach der Anekdote haben Sie Stress abgebaut und sich wieder gefasst.

Bei einer Powerpoint-Präsentation ist die Gefahr eines Blackouts gering, da man seine Rede nach einem Raster vorträgt.

Denken Sie daran: Alle haben Lampenfieber, alle haben ab und zu einen Blackout. Sind Sie sich dessen bewusst, gehen Sie vielleicht lockerer mit Lampenfieber um.

»Ich merkte, dass ich zitterte«

Auftrittsangst kann man wegtrainieren. Es überrascht immer wieder, welche Furcht eine Kamera den Menschen einjagen kann. Sogar gestandene Leute beginnen in Medientrainings vor der Kamera zu schwitzen. »Ich habe fast alles vergessen, was ich sagen wollte«, erklärte mir eine junge Teilnehmerin. Eine Abteilungsleiterin, beruflich exponiert, hielt beide Hände krampfhaft zusammen, als würde sie beten. »Weshalb tun Sie das?«, fragte ich sie. »Ich merkte, dass ich zitterte.« Manche Menschen stehen vor der Kamera, als seien sie zur Salzsäule erstarrt, steif, die Mundwinkel zucken, die Augen flackern.

Andere gehen sehr locker in ein Medientraining. »Ich kann das schon, ich arbeite schließlich schon zwanzig Jahre in diesem Beruf und kenne das Thema à fond.« Doch wer unvorbereitet zu schwatzen beginnt, dem nützen auch zwanzig Jahre Berufserfahrung nichts. Manche sind beratungsresistent. Mit erstaunlicher Ausdauer ignorieren sie zunächst ihre Schwächen. Spielt man ihnen dann ihre Auftritte vor, erschrecken sie.

Und dann gibt es die dritte Kategorie: diejenigen, die es können, die an sich arbeiten und wirklich Erfahrung haben. Diese Gruppe ist heute größer denn je. Die Öffnung der Welt trägt dazu bei. Immer mehr Manager arbeiten eine Zeitlang im Ausland, wo oft eine andere Auftrittskultur herrscht. Das färbt positiv ab.

Männer können immer schon alles

Mit Frauen zu arbeiten und Auftritte zu üben, ist oft ergiebiger als mit Männern. Frauen sind lernfähiger, aufmerksam, ehrgeizig. Manche Männer geben vor, immer schon alles zu können.

Es gibt Männer, die treten selbstbewusst und stolz auf, obschon sie blutige Anfänger sind. Und es gibt Frauen, die machen sich klein und zieren sich, bis sie den Mut haben, ihr Naturtalent auszuleben.

Bildungsmäßig hätten junge Frauen die Männer längst überholt, schreibt die in Zürich lebende Wirtschaftsethikerin und Trendspezialistin Monique R. Siegel in ihrem 2014 erschienenen Buch »War's das schon?«. Jetzt stünden viele »hervorragend ausgebildete, engagierte und ambitionierte Frauen für anspruchsvolle und gut bezahlte Arbeitsplätze zur Verfügung«. Doch viele Frauen packten die Chance nicht. Anstatt ihren Einfluss geltend zu machen, verfolgten viele Frauen noch immer »eine Strategie der Anpassung«. Viele würden sich ducken und ihre Fähigkeiten zu wenig ausspielen.

Das gilt auch für Auftritte vor Publikum. Zwar gibt es immer mehr eloquente, überzeugend auftretende Frauen. Doch viele fürchten sich noch immer vor großem Publikum. Während Männer selbstbewusst sagen »Ich kann das schon«, sagen Frauen auch heute noch »Wenn das nur gutgeht«. Eine Frau erklärte mir in einem Training: »Wenn ich vor Publikum spreche, hören die Männer ohnehin nicht zu und schauen nur auf meine Beine.«

Frauen wagen sich zwar oft nur zögerlich an ein Training. Wenn sie es dann aber tun, sind sie oft schnell erfolgreich. Eine Frau verließ ein Training mit den Worten: »So, jetzt würde ich am liebsten gleich ein Interview geben, ich bin nämlich so richtig auf den Geschmack gekommen.«

Ich ermuntere Frauen oft, ein Medien- und Auftrittstraining in einer reinen Frauenrunde zu absolvieren. Dies ermöglicht es ihnen, ganz ohne Druck und abseits von Männerblicken Hemmschwellen abzubauen.

To take away

- Alle haben Lampenfieber.
- Lampenfieber jagt uns Blut durch die Venen und weckt uns auf.
- Vorbereitung ist die beste Medizin gegen Lampenfieber.
- Spielen Sie Ihren Auftritt im Voraus mental durch.
- Seien Sie frühzeitig am Ort des Geschehens; Sie sind dann entspannter.
- Je logischer Ihre Präsentation aufgebaut ist, desto geringer die Gefahr eines Blackouts.

Den Saal fühlen
Kein Auftritt ohne Probe

Gegen Lampenfieber hilft auch ein Rekognoszieren der Örtlichkeiten. In japanischen Schulen dürfen Studenten den Saal besuchen, in dem später die Prüfungen stattfinden. Das soll Prüfungsängste reduzieren.

Und wieder die Skiläufer: Einige inspizieren die Piste im Sommer. Sie wandern rauf und runter, bleiben immer wieder stehen und verinnerlichen sich das Relief. Wenn im Oktober dann der erste Schnee gefallen ist, gehen sie wieder hin. Sie »fühlen« den Hang, sie »fühlen« den Berg.

Eine Rede ist wie eine Slalomabfahrt. Je besser man das Terrain kennt, desto besser ist man. Ich rekognosziere ab und zu mit meinen Kunden die Konferenzorte. Der Redner steht dann im leeren Saal auf dem Podium. Dort, wo er später stehen wird. Er stellt sich 250 Zuhörerinnen und Zuhörer vor. Er geht auf der Bühne auf und ab. Er begrüßt schon einmal das Publikum. Wie groß der Saal doch ist! Vier Eingangstüren hat er. Das Licht kommt von rechts. Nehmen Sie die Atmosphäre wahr, die im Saal herrscht. Erspüren Sie den Raum, die Wände, die Tiefe des Raums. Sie werden Ihre Rede später ruhiger halten.

Seit dem ersten Fernsehduell zwischen Kennedy und Nixon ist es in den USA üblich, dass Parteien falsche Fernsehstudios aufbauen, in denen Sparringpartner mit Politikern üben. Die Studios sind eine echte Abbildung der richtigen Studios von ABC, NBC, CBS, CNN und Fox. Die Politiker sollen schon die Ambiance des bevorstehenden Streitgesprächs kennenlernen. Auch das ist ein Mittel gegen Lampenfieber.

Ringen um Sätze mit Biss

Politiker, die stolz und selbstsicher auftreten, haben oft ein langes Training hinter sich. Da wird gefeilt an Gestik und Mimik, an der Satzmelodie und dem Inhalt. Kann man dieses oder jenes nicht treffender, nicht verständlicher ausdrücken? Ist die Kernbotschaft klar genug, versteht man sie? Oft ringt man eine Stunde lang um treffende, deutliche Sätze.

Bereiten Sie Ihren Auftritt im Detail vor. Üben Sie ihn, spielen Sie ihn durch. Kein Auftritt ohne Probe. Es gibt Redner, die zu Hause ein kleines Rednerpult aufbauen und dann – stehend – ihre Rede üben.

- Lassen Sie sich bewusst ablenken. Stellen Sie während des Sprechtrainings das Radio oder den Fernseher ein. Im Saal wird es auch nicht ganz ruhig sein.
- Öffnen Sie Tür und Fenster, damit man spielende Kinder hört.
- Wenn Sie ein Aufzeichnungsgerät oder eine Kamera besitzen, zeichnen Sie Ihre Rede auf und analysieren Sie sie.
- Vielleicht wollen Sie den Text dem Partner oder einer Bekannten präsentieren. Erste Feedbacks sind wertvoll.

Seien Sie während der Übungsphase locker. Gestikulieren Sie. Unterstreichen Sie den vorgetragenen Text mit Arm- und Handbewegungen. So wird Ihre Sprechweise rhythmisch. Es ist, als ob Sie Dirigent eines Orchesters wären, doch Sie dirigieren sich selbst. Wenn Sie dann den Vortrag dem Publikum präsentieren, verzichten Sie auf allzu viele Gesten. Doch einen Teil des angelernten Rhythmus haben Sie jetzt im Blut. Solche Übungen können Wunder bewirken.

Wenn Sie zweimal über den gleichen Ausdruck gestolpert sind, ersetzen Sie ihn; Sie würden auch ein drittes Mal darüber stolpern.

Und natürlich gibt es Medientrainer. Eine junge Verwaltungsrätin rief mich spätabends an. Sie sollte am folgenden Tag eine wichtige Rede halten. Sie wisse plötzlich nicht mehr, ob sie mit diesem Text überzeugen könne. Wir übten ihren Auftritt zwei Stunden lang, über Skype.

Der erste Auftritt – ein Desaster

Ich arbeite mit zwei jungen Leuten aus der Modebranche: einer Designerin und einem Vermarkter. Eine bekannte Firma interessierte sich für ihre Arbeit. Beide wurden zu einer Präsentation eingeladen.

Sie wurden nett empfangen. Man gab ihnen 20 Minuten Zeit, ihre Arbeit zu präsentieren. Der junge Mann rang nach Worten, bis die Designerin ihn unterbrach. Doch auch ihr Statement war wirr, hatte weder einen Anfang noch einen Schluss. Man kramte in Papieren, in Zeichnungen, fand sie nicht. Beide machten sich gegenseitig Vorwürfe. Der Auftritt geriet außer Kontrolle, die Präsentation wurde zum Desaster. Den Auftrag bekamen andere. Wer sich so präsentiert, dachten die Chefs wohl, wird auch so arbeiten.

Einige Zeit später wurden sie von einer anderen Firma zu einer Präsentation eingeladen. Wir arbeiteten ein Drehbuch aus. Wer von den beiden beginnt zu sprechen? Zuerst die üblichen zwei Minuten Smalltalk. »Es freut uns, dass Sie uns eingeladen haben …« Über welches Thema plaudert man zuerst, über das Wetter, das schöne Jugendstilhaus, in dem sich die Büros befinden?

Dann die Präsentation. Beide wissen haargenau, was sie sagen sollen. Die Texte wurden formuliert und teils aufgeschrieben. Wir haben geübt. Mit klaren Worten wird der USP beschrieben, das

Herausragende und Originelle des Angebots. Die Zeichnungen liegen geordnet bereit. Nach der Präsentation ein klares Schlusswort, in dem die Highlights nochmals deutlich und verständlich hervorgehoben werden.

Mehrmals haben wir ihre ganze Präsentation trainiert und filmten sie. Wir achteten auf die nonverbale Kommunikation: aufrecht auf dem Stuhl sitzen, nicht mit den Händen fuchteln, das Gegenüber anschauen, die Zeichnungen ruhig aus der Mappe nehmen.

Beim Visionieren sind die beiden zunächst über ihre vielen Ähs erschrocken. Einige Sätze hatten noch keinen richtigen Drive. Wir übten und übten. Mit Erfolg. Die beiden haben den Auftrag erhalten.

Noch dies, noch das, noch jenes
Ein Verwaltungsrat hatte sich bei der letztjährigen VR-Sitzung nicht durchsetzen können. Seine Vorschläge wurden von den anderen vom Tisch gefegt. Er ist überzeugt, dass sein Vorstoß Sinn macht und will es erneut versuchen.

Er bittet mich, seine Rede zu lesen. Wir sitzen zusammen. »Was genau wollen Sie durchsetzen?« Er legt mir ein fünfseitiges Papier vor, alles gut geschrieben, detailliert, nuanciert, aber viel zu dicht: Hinter Erklärungen, Erläuterungen und Nebenschauplätzen ist sein Hauptanliegen – der Grund für diesen Vorstoß – nicht erkennbar. Zum Schluss weiß man nicht genau, was er inhaltlich eigentlich will.

In mühsamer Arbeit schälen wir aus dem fünfseitigen Papier zwei Kernbotschaften heraus. Alles andere, die vielen Details, werden gestrichen. Dann konzipieren wir den Auftritt: klare, verständliche, attraktive Sprache, feste Stimme, guter Einstieg, guter Ausstieg. Wir üben mit laufender Kamera und beurteilen die nonverbale Kommunikation. Ein Jahr nach seinem Misserfolg fanden seine Vorschläge Gehör.

»Für sein Konzept sterben«

Immer geht es darum, die anderen zu überzeugen, dass der eigene Vorschlag etwas Besonderes ist: das Nonplusultra. Gute Arbeit leisten ist das eine. Die anderen von der guten Arbeit überzeugen können, das ist das andere.

Es gibt Werbe- und PR-Agenturen, die arbeiten wochenlang für potenzielle Kunden eine Werbestrategie aus. Wunderbare Powerpoint-Präsentationen, Hochglanzfolien. Doch es gelingt ihnen schließlich nicht, den Kunden von dieser Werbestrategie zu überzeugen. Zu viel kruder Management-Speak, den der Kunde nicht versteht. Zu viele Details, zu viel Schnickschnack. Auch Kommunikationsfachleute müssen immer wieder lernen, ihre Botschaft klar auszudrücken.

Ein namhaftes Schweizer PR-Unternehmen hat für einen Kunden drei Vorschläge zur Umsetzung seiner Corporate-Identity-Strategie ausgearbeitet. Viel Geld ist im Spiel. Vier Fachleute des PR-Unternehmens haben eine aufwendige Powerpoint-Präsentation vorbereitet. Bilder, Grafiken, Textbausteine wechseln ihre Farbe, werden aufgezogen, zurückgefahren. Das PR-Unternehmen, echte Profis, bittet mich um ein Feedback. Sie präsentieren mir ihre Präsentation.

In geschraubtem PR-Jargon stellen mir die vier Fachleute ihr Werk vor. Die Bilder flimmern, L'art pour l'art. Ich verstehe nichts. Wo liegt der USP der drei Vorschläge, wieso müssen die Kunden bei diesen Vorschlägen anbeißen? Was ist das Besondere? Was hat das Bild mit dem Produkt, dem Kunden zu tun?

Die Macher sind enttäuscht. Und sie haben keine Zeit mehr, ihre Präsentation zu ändern. Auch der Kunde hat offenbar nichts verstanden; der Auftrag ist an andere gegangen.

Was macht eine gute Präsentation aus? Auf was muss man speziell achten? Wann ist eine Präsentation überzeugend? Man muss die Besonderheit eines Vorschlags herausschälen können. »Seien

Sie bereit, für Ihre Idee, Ihr Konzept, Ihre Strategie zu kämpfen und notfalls zu sterben«, sagt Max Winiger, ein renommierter Werber auf dem Platz Zürich. »Vermeiden Sie Plattitüden. Sagen Sie nur, was Sie auch glauben, wirklich glauben. Verkaufen Sie nichts, was Sie nicht selbst kaufen würden.«

To take away

- Kein Auftritt ohne Probe.
- Inspizieren Sie die Örtlichkeiten Ihres Auftritts.
- Sprechen Sie Ihre Rede im Voraus laut durch, lassen Sie sich ablenken.
- Erarbeiten Sie ein Drehbuch für Ihre Präsentation. Spielen Sie sie durch.
- Konzentrieren Sie sich auf Weniges.
- Was ist das Besondere, das Einmalige Ihres Vorschlags, Ihres Konzepts?

Cross Culture
Augenkontakt – in Asien verpönt

Wir leben in einer globalisierten Welt. Sie gehören zu jenen, die nicht nur im Inland auftreten, sondern auch in New York, Singapur, in der Londoner City oder in Peking. Dort reden Sie mit Partnern und möchten mit ihnen Geschäfte abschließen.

Andere Kulturen, andere Empfindungen. Was die einen lustig finden, befremdet andere. Deutlich wurde das nach dem Attentat auf die Redaktion von Charlie Hebdo in Paris. Während die meisten Franzosen die Karikaturen des Satireblatts als witzig empfinden, bezeichnen sie andere Europäer als »dégoûtant«. So nah und so fern wir uns doch sind! Was hier zum guten Ton gehört, ist in Asien oder Afrika verboten. Gerade Geschäftsleute, die viel reisen, treten immer wieder in Fettnäpfe.

Es empfiehlt sich, vor einem Auftritt in einem fremden Kulturkreis die dortigen Verhaltensregeln zu studieren. Wie tritt man auf (nonverbal), wie spricht man (verbal), wie kommuniziert man schriftlich, in Briefen und E-Mails? In der Schweiz bieten Universitäten und Fachhochschulen Kurse an. In Südengland hat sich Richard D. Lewis diesem Thema verschrieben.

Lewis ist ein englischer Sprachwissenschaftler, Autor zahlreicher Bücher und Consultant für Cross-cultural-Kommunikation. Er verfügt über eine jahrzehntelange Erfahrung mit anderen Kulturen und hat versucht, eine Art Verhaltensbibel für reisende Executives auszuarbeiten. Für seine Analysen führte er Hunderte Interviews in den verschiedenen Kulturkreisen.

In Warnford bei Winchester (UK) führt Lewis eine Schule zu Cross Culture, er war lange am japanischen Hof tätig und wurde in Finnland zum Ritter geschlagen. Er spricht zehn Sprachen, auch etwas Schweizerdeutsch.

Der Einzelne brauche »a lot of background information«, um im Ausland zu bestehen, sagt er mir bei einem Seminar in Warnford. In Westeuropa und Amerika schauen sich Gesprächspartner in die Augen. Wer das tut, gilt als aufrichtig, ehrlich und interessiert. Wer es vermeidet, wird negativ beurteilt: Er gilt als suspekt und verklemmt. Im Nahen Osten aber, in Afrika und vor allem in Asien gilt ständiger Augenkontakt als »unanständig herausfordernd« – als wolle man die »Autorität des Gegenübers untergraben«, sagt Lewis. Einzig ein kurzer Augenkontakt gilt als »respektvoll und höflich«.

In fast jedem Kulturkreis gelten andere Regeln: Hier sollte man nicht länger als 20 Minuten reden, anderswo muss man die Gäste stets flattieren. Hier sind Witzchen tabu, anderswo Pflicht. Hier will das Publikum mit Facts and Figures gefüttert, dort will es vor allem unterhalten werden. Hier haben nur charismatische Speaker eine Chance, anderswo sind coole Typen gefragt.

Auch Gestik und Mimik werden in vielen Kulturen ganz unterschiedlich verstanden. Da geht es um die Sprache der Hände, der Finger, der Achseln, der Kopfbewegungen, des Gesichtsausdrucks, der Augenbrauen, des Mundes. Wie sitzt man auf einem Stuhl? Wie hält man die Füße? Wer in Japan die Fußsohlen zeigt, gilt als unanständig.

Was für Europäer und Amerikaner eine unwichtige Rolle spielt, kann in gewissen Kulturen ganze Geschäftsabschlüsse vermasseln. Richard D. Lewis sagt: »Am einfachsten ist es, sich sprachlich oder schriftlich anderen Kulturen anzupassen. Am schwierigsten ist die nonverbale Adaption.«

Listening Habits

»The intended message and the received one are rarely the same«, schreibt Lewis. Wie eine Botschaft, eine Rede, aufgenommen wird, hängt davon ab, wann, wo, wie und unter welchen Umständen sie geäußert wird. Die gleichen Worte könnten von verschiedenen Zuhörern ganz unterschiedlich aufgenommen werden.

Selbst Zuhörer aus dem gleichen Kulturkreis nehmen identische Botschaften oft ganz unterschiedlich wahr. Besteht das Publikum aber aus Menschen mit verschiedenen kulturellen Backgrounds, sind die Differenzen meist enorm.

Wie Worte aufgenommen werden, hängt wesentlich von der Mentalität des Publikums ab, von seinem kulturellen Umfeld, seinen Denk- und Verhaltensmustern, den geschichtlichen Hintergründen, möglichen Tabus und seiner sozialen Stellung.

Die gleiche Rede, die in der Schweiz, in Deutschland oder den nordischen Staaten gehalten wird, wird schon in Frankreich oder Italien ganz anders aufgenommen – von China, Japan, Russland oder arabischen Staaten ganz zu schweigen.

Manche Manager sind erstaunt, dass ihre Botschaft falsch verstanden wurde – oder gar Kopfschütteln ausgelöst hat. Wer im Ausland auftritt, tut gut daran, sich im Voraus über die Gepflogenheiten und die Listening Habits in seinem Gastland zu informieren.

Es gibt »gute und schlechte Zuhörer«, sagt Lewis. Schweizer, Deutsche und Nordländer gehören seiner Meinung nach zu den besten Zuhörern – im Gegensatz zum Publikum in lateinischen Staaten.

Hier einige ausgewählte, zusammengefasste Hinweise:
- Die Schweizer sind gute, freundliche Zuhörer. Sie wollen logische, pragmatische, solide Reden. Humor ist akzeptiert, »aber nicht notwendig«. Sie wollen keinen Bombast und legen Wert auf einen gut gekleideten Redner. Sie unterbrechen Sie fast nie.

Sie sind konservativ in ihrer Haltung. Es ist unwahrscheinlich, dass Sie sie mit Ihren Ratschlägen oder Ihrem Zureden überreden können.

- Die Deutschen hören gut zu. Sie sind diszipliniert und stets willens, mehr zu lernen. Sie können lange zuhören. Sie lieben Wiederholungen, viel Background – und vor allem viele Zahlen und Fakten. Oft verlangen sie Zusatzinformationen, Beispiele und Details. Simple Botschaften kommen nicht an. Sie akzeptieren nur wenige oder gar keine Witzchen.

- Die Franzosen sind generell schlechte Zuhörer. Voll dabei sind sie nur, wenn der Redner charismatisch, einfallsreich ist, etwas Sex-Appeal hat und eine Autorität darstellt. Die Franzosen sind fest von ihrer intellektuellen Überlegenheit überzeugt. Sie glauben nicht, dass ihnen die Ausländer viel beibringen können. Sie glauben, sie wüssten ohnehin schon alles.

- Die Italiener sind sympathische Zuhörer. Doch oft sind sie unruhig. Die Höflichkeit hindert sie daran, die Rede oft zu unterbrechen, doch sie hören nur teilweise zu, weil sie schon die Antwort auf Ihre Rede formulieren – bevor Sie zu Ende gesprochen haben. Sie lieben keine Instruktionen und Erklärungen. Sie wollen Gefühl und Fantasie. Sie fühlen sich in der Lage, intuitiv zu verstehen, was der Redner meint. Ungeduldig warten sie darauf, dass sie sich am Schluss Ihrer Rede zu einem Dialog mit Ihnen melden können.

- Die Engländer mit ihrer Debattentradition hören gut zu. Englische Redner lieben das Unterstatement und den Humor. Das Feedback ist oft lebendig und produktiv.

- Die Österreicher (aus Wien) sind freundliche, charmante, manchmal etwas unfassbare und oberflächliche Zuhörer. Die Österreicher aus Tirol hingegen sind mehr deutsch und weniger zweideutig als die Wiener. Im Charakter sind sie oft rustikal und verlangten harte Fakten und verlässliche Informationen. Sie geben nicht viel Feedback und können lange zuhören.

- Die US-Amerikaner sind aktive Zuhörer. Ihre Aufnahmefähigkeit ist oft nur kurz. Sie zeigen verbal und nonverbal, ob sie sich für die Rede interessieren oder nicht. Allgemein hören sie aufmerksam zu, wenn technische Informationen gegeben werden. Sie lieben humorvolle Anekdoten. Sie wollen unterhalten werden. Vom Redner verlangen sie, dass er überzeugend und charismatisch wirkt und ein harter Verkäufer ist. Besitzt er diese Eigenschaften nicht, beginnen sich die Amerikaner schnell zu langweilen.

- In China gehört es zu den guten Manieren, dass man aufmerksam und artig zuhört, obwohl die meisten Reden übersetzt werden müssen. Die Festlandchinesen sind erpicht darauf, vom Westen und von westlichen Rednern Know-how zu erlangen. Die Art und Weise, wie der Redner auftritt, ist wichtiger als der Inhalt der Rede. Zu jeder Rede gehört, dass man dem Publikum schmeichelt und niemandem auf die Füße tritt. Die Chinesen verdächtigen oft »ausländische Teufel«. Deshalb: Arbeiten Sie hart daran, Vertrauen zu schaffen.

- Die Japaner hören aufmerksam, geduldig und ruhig zu. Sie unterbrechen den Redner nicht. Sie haben oft Mühe mit dem Englischen und verstehen vieles nicht. Es gilt als unhöflich, Zusatzinformationen zu verlangen. Wenn die Japaner während einer Rede die Augen schließen, bedeutet dies nicht, dass sie sich langweilen: Sie können so aufmerksam zuhören.

- Die Russen misstrauen automatisch offiziellen Statements, wenn sie von Regierungsstellen oder großen Multinationalen stammen. Persönliche Botschaften, selbst Gerüchte, nehmen die Russen als wahr auf. Am besten können Russen in kleinen Gruppen überzeugt werden. Redner sollten offen, geradlinig und vertrauensvoll sein. Jede Zweideutigkeit oder Hinterlist sollte vermieden werden.

- Die Araber wollen keine »bad news«, sie sind ungeduldig, wollen von einer Rede profitieren und umschmeichelt werden. In Gruppen sind sie unruhig und schlechte Zuhörer.
- Spanier hassen Monologe.
- Die Finnen gehören zu den weltbesten Zuhörern und sind trainiert, die Rede nicht zu unterbrechen.
- Brasilianer und andere Südamerikaner sind nur kurze Zeit aufmerksam. Die Fakten sind weniger wichtig als das Auftreten. Sie beobachten die Redner genau, wollen Charisma, Gefühl und Unterhaltung.

Man mag solche Charakterisierungen als oberflächlich und klischeehaft abtun. Einen Kern Wahrheit haben sie vielleicht doch. Jedenfalls tut man gut daran, sich vor einem Auftritt im Ausland einige Informationen zu besorgen.

To take away

- Studieren Sie die Verhaltensregeln in fremden Ländern.
- Mimik und Gestik werden kulturell bedingt unterschiedlich verstanden.
- Falsches Benehmen, falsche Gesten können Geschäftsabschlüsse vermasseln.
- »The intended message and the received one are rarely the same.«

Sitzungen
Vom Sitzungstisch zur Datenbrille

Die Arbeitswelt verändert sich rasant. Die Mitarbeitenden sind mobil geworden. Viele arbeiten nicht mehr am Hauptsitz oder in einer Zweigstelle, sondern zu Hause oder irgendwo. Die Arbeitszeiten sind heute flexibel: Nine to five, das war einmal.

Durch den technologischen Wandel lässt sich die Arbeitszeit freier einteilen, man kann das Leben flexibler gestalten, und arbeitet man projektbezogen, muss man nicht im Büro Stunden absitzen. Das wertet die Arbeit auf. Anderseits geht der menschliche Kontakt zusehends verloren. Ist man nicht gerade per Internet mit anderen zusammengeschlossen, arbeitet man alleine und ist auf sich gestellt. Den Chef kennt man nur von Videokonferenzen.

Der menschliche Kontakt fehlt vielen. Sie bedauern, sich nicht mit dem Vorgesetzten oder den Kollegen persönlich austauschen zu können. Doch das »Menschliche« ist nicht mehr gefragt. Gefragt sind Resultate, Fakten und nackte Zahlen. Wie und wo sie zustande kommen, ist dem Unternehmen egal – Hauptsache, sie kommen zustande.

Sitzungstische braucht es nicht mehr, denn die gute, alte Sitzung ist tot. Per Internet, Skype oder Konferenzschaltungen rapportieren die Teamleiter einem Vorgesetzten den Stand ihrer Arbeit – und dies möglichst kurz und prägnant.

Diese Veränderungen in der Arbeitswelt haben Folgen für die Führungskultur und den Führungsstil. Wie kann ein Chef das mittlere Kader, das Middle Management, effizient führen und motivieren, wenn er die Menschen nicht kennt, nie gesehen hat? »Dies ist eine der neuen, großen Herausforderungen der neuen Arbeitswelt«, sagt mir einer dieser Middle Manager. »Nur Richtlinien und Zielvorgaben vermitteln, genügt eben nicht.« Weil manche Chefs das »neue Führen« nicht oder noch nicht beherrschten, würde das mittlere Kader viel Spiel- und Freiraum erhalten, was sich negativ auf die Produktivität auswirken könne.

Viele Mitarbeitende müssen sich heute selbst motivieren. Der fehlende menschliche Kontakt ist eines der großen Probleme der globalisierten Arbeitswelt. Folgen sind oft Stress, Krankheit und Burnout.

Da es nicht mehr möglich ist, die Mitarbeitenden physisch zusammenbringen, entwickeln sich neue Modelle. Zum Beispiel: Die Mitarbeitenden setzen sich jeden Freitag um 12 Uhr mit einem Sandwich vor den Computer. Via Skype sind sie vernetzt. Ein Vorgesetzter hält ein kurzes Einführungsreferat. Dann können die Mitarbeitenden Fragen stellen. Manchmal ist es der CEO, der Auskunft gibt, manchmal ein Verwaltungsrat, manchmal auch ein Teamleiter. Skype oder Konferenzschaltungen haben den Vorteil, dass auch Leute zugeschaltet werden können, die sich in Singapur oder Los Angeles befinden.

Doch so wertvoll solche Skype-Diskussionen sein mögen, Kommunikation via Bildschirm ist kein Ersatz für ein Treffen von Menschen aus Fleisch und Blut.

Nicht nur Politiker wie Angela Merkel oder Barack Obama publizieren wöchentliche Videobotschaften: Auch in Unternehmen haben Führungskräfte begonnen, solche Messages aufzuzeichnen. Jede Woche oder alle zwei Wochen spricht der VR-Präsident per Video zu seinen Mitarbeitenden – auf einem Kanal, den nur die

Mitarbeitenden empfangen können. Das festigt den Zusammenhalt im Betrieb. Das schafft eine Art Familiengefühl – und steigert die Produktivität. Doch Videobotschaften sind immer Einwegbotschaften. Die Mitarbeitenden müssen sie konsumieren, sich dazu äußern können sie kaum.

Videobotschaften haben zudem einen gewichtigen Nachteil. Wenn der Chef oder die Chefin etwas Launiges oder gar etwas Vertrauliches vermittelt, läuft er oder sie Gefahr, dass die Bilder schnell auf Youtube landen. Das wissen auch jene Professoren, die ihre Vorlesungen auf Podcast aufzeichnen. Da sie damit rechnen müssen, in der Öffentlichkeit ausgestellt zu werden, sind ihre Videoauftritte oft zahm und bleich.

Führen mit der Datenbrille

Doch Skype, Videobotschaften und Schaltkonferenzen – sie sind wahrscheinlich bald Schnee von gestern. Mit neuer Technik wird es wohl gelingen, eine virtuelle, dreidimensionale Realität zu schaffen, in die alle hineingezogen werden. Da sitzt dann plötzlich die Chefin neben mir, obwohl sie in Manhattan arbeitet. Oder ich tauche ein in das Büro einer Kollegin, die in Kalifornien gerade die *Los Angeles Times* liest. Wir sitzen uns gegenüber und sprechen über die neuesten Entwicklungen auf dem IT-Markt.

Datenbrillen, Kopfhörer und eine 360-Grad-Minikamera sind es, die diese Illusion, diese virtuelle Realität schaffen. Die großen Digitalkonzerne überbieten sich mit immer neuen, besseren Angeboten. Auch Start-up-Unternehmen mischen da kräftig mit.

Die neue Technik hat zur Folge, dass sich der Vorgesetzte nicht mehr verstecken kann. Er steht mehr denn je im Mittelpunkt. Er wird zu einem »Chef zum Anfassen«. Die Mitarbeitenden sitzen ihm auf Armeslänge gegenüber. Mimik, Gestik und Stimme spielen dann eine noch größere Rolle als am alten, großen Sitzungstisch.

Skype-Schaltungen bringen nie diese Vertrautheit und Nähe, wie sie Datenbrillen bringen können. Technologische Entwicklungen verlangen dem Chef wieder Auftrittskompetenz ab, sein Büro ist plötzlich wieder geöffnet. Es reicht nicht mehr, mit schriftlich hingeworfenen Ukas das Haus zu führen. Die Vorgesetzten müssen wieder von Mensch zu Mensch überzeugen und motivieren können. Hat die Führungsperson Ausstrahlung, glaubt man ihr, ist man bereit, für sie zu kämpfen – oder ist sie spröde, steif und humorlos, was sich bekanntlich negativ auf den Output auswirkt?

Der menschliche Kontakt, die heute viel zitierte Empathie, kommt wieder voll zum Zug, auch wenn es ein Kontakt über zehntausend Kilometer ist. Wird die Datenbrille dazu führen, dass unsere Kommunikation besser, dass es weniger Burnouts geben wird?

Die gute, alte Sitzung

Doch noch gibt es sie, die gute, alte Sitzung. Nicht nur in kleinen und mittleren Unternehmen, auch in Großbetrieben scharen sich täglich, wöchentlich oder zweiwöchentlich die Mitarbeitenden um einen Sitzungstisch. In den meisten Schweizer Unternehmen und Betrieben finden noch immer regelmäßige Sitzungen statt.

Eine Sitzung – das ist zunächst: der Chef und die Chefin. Ob Sie nun hundert Angestellte führen oder nur fünf: In Sitzungen formen Sie Ihr Image. Dort entscheidet sich, ob Sie von den Mitarbeitenden respektiert, geschätzt und geachtet werden. Sitzungen haben einen wichtigen Einfluss auf das Betriebsklima und damit auf den Output. Traut man Ihnen als Vorgesetzte? Wenn die Belegschaft kein Vertrauen in ihre Chefs hat, sinkt die Motivation. Vertrauen ist ein wirtschaftlicher Faktor.

Wie aber gewinnt man Vertrauen? Indem man offen und ehrlich ist, indem man zu Fehlern steht. Seien Sie ein Mensch aus Fleisch und Blut. »Sie werden in leitender Position nur überzeugen, wenn Ihre Mitarbeiter Sie als Menschen akzeptieren«, schrieb schon der Philosoph und Unternehmensberater Rupert Lay.

Keine Sitzung ohne konkretes Thema

Führen Sie eine Sitzung nicht um der Sitzung willen durch. Sitzungen müssen immer ein konkretes Thema haben. Auch wenn die Zusammenkünfte institutionalisiert sind, müssen die Mitarbeiterinnen und Mitarbeiter per E-Mail eingeladen werden. Geben Sie in der Mail das Thema bekannt. Auf der Traktandenliste sollte auch immer das Wort »Varia« stehen. Die Teilnehmenden müssen die Möglichkeit erhalten, Themen aufzuwerfen, an die der Chef nicht denkt. Möchte die Führungsperson kein konkretes Thema behandeln, soll sie nicht zu einer Sitzung einladen, sondern zu einem Apéro.

Das Geleier des Chefs

Wo sitzt die Führungsperson am Sitzungstisch? Immer am gleichen Platz? Oder mischt sich der Chef unter die Menge, um zu demonstrieren, dass er »einer von uns« ist? Eigentlich ist das unwichtig. Chefs gewinnen mit Inhalten Autorität und Respekt – und nicht mit der Sitzordnung.

Seien Sie in Ihrem Statement leidenschaftlich, erzählen Sie Geschichten, die das Thema illustrieren: starker Anfang, starker Schluss, klare Kernbotschaft. Geben Sie sich engagiert, freundlich, versuchen Sie die Teilnehmenden zu fesseln, zu überzeugen. Die Mitarbeitenden sollen nach der Sitzung sagen können: »Aha, das wollte er uns mitteilen.«

Weshalb dösen so viele Sitzungsteilnehmer, wenn der Vorgesetzte spricht? Weil er sich schlecht vorbereitet hat, weil er die Kernbotschaft nicht verständlich machen kann, weil er nicht an die Dramaturgie seines Auftritts denkt. Eine Rede – das ist viel Dramaturgie. Eine Sitzung auch.

Blickkontakt in Sitzungen ist zwingend. Versuchen Sie, jede Person mindestens einmal anzuschauen. Auch diejenigen, die sich als Mauerblümchen zieren und in der hintersten Reihe sitzen. Vermeiden Sie, dass Sitzungsteilnehmer hinter Ihrem Rücken Platz nehmen.

Die Teilnehmenden werden gebeten, ihre Handys auszuschalten. Achten Sie darauf, dass im Hintergrund kein Fernseher läuft. Die Mitarbeitenden sollten wissen, wie lange die Sitzung etwa dauern wird.

Wie viele Meetings gibt es, bei denen sich die Mitarbeitenden auf den Sitzen lümmeln, die Arme wie Pfaue hinter dem Kopf verschränken, Handys konsultieren, SMS schreiben, Zeitung lesen – oder vor sich hindösen. In solchen Fällen macht die Führung etwas falsch.

Von den Mitarbeitenden muss verlangt werden, dass sie sich abmelden, wenn sie verhindert sind. Wenn sich der Chef verspätet, verspäten sich bald auch die anderen.

Mit einer korrekten Kleidung zeigen Sie Respekt gegenüber den Teilnehmenden. Verlangen Sie auch von den Mitarbeiterinnen und Mitarbeitern korrekte Kleidung. Flipflops, kurze Hosen, verwaschene T-Shirts gehören nicht in einen Betrieb und nicht in eine Sitzung.

Oft gibt es Mitarbeitende, die Sitzungen als Zeitverschwendung betrachten – nicht immer zu Unrecht. »Ich möchte lieber arbeiten, als dem Geleier des Chefs zuhören.« Sitzungen werden oft deshalb als überflüssig empfunden, weil sie ohne konkretes Ergebnis zu Ende gehen.

Ziehen Sie am Schluss einer Sitzung Bilanz. »Das haben wir heute diskutiert, das haben wir beschlossen, das wollen wir durchsetzen.« Sitzungen dürfen nicht ausfransen. Sie müssen einen klaren Schlusspunkt setzen. Mit einem Sitzungsprotokoll sollen auch diejenigen informiert werden, die nicht teilgenommen haben.

Bei einem Wirtschaftsanlass erklärt mir ein Top-CEO eines IT-Unternehmens seine Sitzungsstrategie: Er verteilt zu Beginn der Sitzung allen Anwesenden ein Papier mit den wichtigsten Stichworten zu einem bestimmten Thema. Alle lesen den Text und diskutieren anschließend eine Viertelstunde lang darüber. Danach fasst der CEO zusammen. Welche Hauptpunkte haben wir gemeinsam herausgeschält? Welche Fragen sind noch offen? Wer übernimmt welche Verantwortung? Was steht als Nächstes an? Wann ziehen wir Bilanz?

Wichtig ist, dass die Vorgesetzten alle ihnen unterstellten Mitarbeiterinnen und Mitarbeiter auf den gleichen Informationsstand bringen. Das hilft, Konflikte zu vermeiden.

Hüten Sie sich davor, auf einer Sitzung eine Person überschwänglich zu loben. Das löst nur Neid aus. Das wirkt »wie Gift«, schreibt Allan Guggenbühl in seinem Buch »Anleitung zum Mobbing«. »Ein solches Lob löst bei Kollegen und Kolleginnen keine Sympathiewelle aus.« Der oder die Gelobte wird nicht selten ausgegrenzt.

Das Potenzial der Mitarbeitenden

Nach Ihrem Auftritt sollen die Mitarbeitenden zum Zug kommen. Sitzungen, bei denen nur der Chef oder die Chefin spricht, sind vertane Chancen. Die Mitarbeitenden sind nicht nur Befehlsempfänger. Jede Mitarbeiterin, jeder Mitarbeiter hat ein Potenzial: Ideen, Vorschläge, wie man den Betrieb weiterbringen könnte. Schöpfen Sie dieses Potenzial aus.

Ich arbeite mit jungen Leuten zusammen. Wir diskutieren über die Frage »Was macht eine gute Sitzung aus? Was erwarten wir von unserem Chef?« Einige der Teilnehmerinnen und Teilnehmer haben schon in verschiedenen Betrieben gearbeitet und bezeichnen sich als »Sitzungsgeschädigte«.

Eine gute Sitzung – das ist, wenn man »uns ausreden lässt«, sagen die jungen Leute. »Dass der Chef uns nicht abklemmt, uns nicht ins Leere laufen lässt, dass er unsere Vorschläge nicht einfach cool übergeht.« Das wirke verletzend. Auch schräge Ideen sollten diskutiert werden. »Nur wo die Ideenküche brodelt, entsteht Neues«, sagte jemand.

Auch in Sitzungen soll – neben ernsthaften Diskussionen – ab und zu palavert werden. Das bringt Annäherung. Wieso nicht ab und zu einen Witz erzählen. Wieso nicht ab und zu einen Kuchen aufschneiden. Sitzungen sollen das Zusammengehörigkeitsgefühl stärken.

Das kann auch im Kleinen geschehen: Ein Schreinermeister im Kanton Graubünden ruft jeden Freitagabend seine vier Mitarbeiter zu einer Sitzung zusammen. Obwohl er direkt aus der Werkstatt kommt, ist er stets sauber und korrekt gekleidet. Er gibt sich freundlich, aber nicht kumpelhaft. Man diskutiert über die vergangene Woche. Immer stellt er die Frage: »Was können wir besser machen?« Er geht auf Vorschläge der anderen ein. Am Schluss wird Bilanz gezogen. Man erzählt sich Anekdoten und Erlebnisse aus der vergangenen Woche, man lacht und schmunzelt. Dann reicht der Chef allen die Hand und wünscht ihnen ein schönes Wochenende. Spricht man mit den vier Mitarbeitern, sind sie des Lobes voll. Ihrem Chef ist es gelungen, mit seiner ruhigen, ehrlichen Art eine gesunde Autorität aufzubauen.

Karrieren beginnen am Sitzungstisch

Sitzungen sind nicht nur eine Bühne der Chefs, sondern auch der Mitarbeitenden. Hier können sie sich äußern, sich in Szene setzen, sich profilieren. Das kann bei Strebern ätzend sein; damit muss man leben. Viele Karrieren beginnen an Sitzungstischen! Gibt der Vorgesetzte das Thema der Sitzung vorab bekannt, bereiten Sie sich vor. Könnten Sie etwas Konstruktives beitragen? Haben Sie Vorschläge? Bringen Sie sich ein, machen Sie Empfehlungen, entwickeln Sie neue Ideen. Der Chef wird auf Sie aufmerksam.

Der Sitzungsraum ist oft ein Haifischbecken. Sagt der eine etwas, wird er vom anderen niedergemacht – und umgekehrt. Je besser ein Mitarbeiter, eine Mitarbeiterin den Vorstoß vorbereitet, desto eher gelingt es, den Chef und die anderen zu überzeugen. Gute Ideen, schlagende Argumente, gut vorgetragen, finden immer Gehör – auch im Haifischbecken.

To take away

- In der globalisierten, digitalen Welt gehen menschliche Kontakte verloren.
- Bald könnten wir virtuell wieder zusammenrücken.
- In Sitzungen formt der Chef, die Chefin sein/ihr Image.
- Chefs überzeugen nur, wenn die Mitarbeitenden Sie als Menschen akzeptieren.
- Keine Sitzung ohne konkretes Thema.
- Gehen Sie mit einem Drehbuch im Kopf in die Sitzung.
- Laden Sie per E-Mail zur Sitzung ein.
- Lassen Sie die Mitarbeitenden zu Wort kommen.
- Schöpfen Sie das Potenzial der Mitarbeitenden aus.
- Viele Karrieren beginnen am Sitzungstisch.
- Am Schluss jeder Sitzung sollte Bilanz gezogen werden.

Konflikte
Dicke Luft, heiße Köpfe – kühler Kopf

Sie bitten jemanden um ein Gespräch – oder jemand bittet Sie darum. Viele Führungskräfte machen sich zwar Gedanken über den Inhalt und die Stoßrichtung einer bevorstehenden Besprechung. Anderseits vernachlässigen sie ihr Verhalten bei ihrem Auftritt. Doch wir wissen: Das Gebaren – und nicht nur der Inhalt – prägt ganz wesentlich das Ergebnis einer Unterhaltung. Auf einem Seminar mit Führungskräften üben wir solche bilateralen Gespräche. Gemeinsam erarbeiten wir die wichtigsten Grundsätze für einen geglückten Auftritt. In Lernspielen trainieren wir dieses Verhalten.

Empfangen Sie den Gast am Eingang Ihres Büros. Dort werden schon die Rollen verteilt. Auch da zählen die ersten Sekunden. Wie wirkt Ihr Gesprächspartner? Gebeugte Haltung, flackernder Blick, fade Stimme, zögerliches Lächeln? Oder: markanter Händedruck, klarer Blick in die Augen, aufrechte, präsente Haltung, feste Stimme?

Sprechen Sie den Gast mit Namen an. »Guten Tag, Herr Huber, es freut mich, Sie kennenzulernen.« Die Nennung des Namens entspannt und schafft eine konstruktive Gesprächsbasis.

Sie haben sich auf das Treffen vorbereitet. Sie haben Informationen über Ihr Gegenüber eingeholt. Sie haben sich eine Strategie für das Gespräch zurechtgelegt, ein Drehbuch für die Diskussion.

Sie wissen, was Sie vom Gast wollen – oder Sie ahnen, was der Gast von Ihnen will.

Verwechseln Sie den Gast nicht mit einem anderen. Kürzlich, vor einem Gespräch, stellte mich ein Manager dem Klienten mit der Info vor: »Ich kenne ihre Schwester sehr gut, sie wohnt in St. Gallen, ganz in meiner Nähe.« Ich habe keine Schwester.

Weisen Sie dem Gast einen bequemen Stuhl zu. Überlegen Sie sich im Voraus, wo Sie Ihren Gast hinsetzen möchten. Wenn Sie sagen »Nehmen Sie Platz, wo Sie möchten«, geben Sie – symbolisch – das Heft aus der Hand. Die Distanz zu Ihnen sollte etwa zwei Meter betragen. Wenn Sie Vorgesetzter sind, kann die Distanz größer sein. Zeigen Sie, dass Ihr Gegenüber willkommen ist und dass Sie für das Gespräch bereit sind. Räumen Sie nicht noch zuerst den Schreibtisch auf, gehen Sie *vorher* zur Toilette, entfernen Sie vorher die schmutzigen Kaffeetassen.

Ich kenne ein schlechtes Beispiel: Ein potenzieller Kunde kommt zu einem Gespräch. Er wird ins Büro begleitet und gefragt, ob er einen Kaffee möchte. Der Chef verlässt das Büro, lässt den Gast fünf Minuten warten, kommt schließlich mit dem Kaffee zurück und sagt: »Ach, die Kaffeemaschine hat gespukt, und meine Assistentin ist im Yogakurs.« Mit diesem Statement lassen Sie tief blicken.

Beginnen Sie das Gespräch mit Smalltalk. »Haben Sie einen Parkplatz gefunden, ja, es ist schwierig in diesem Quartier. Ach, Sie sind mit dem öffentlichen Verkehrsmittel gekommen, das benutze ich auch immer häufiger, die Tram- und Buslinien sind ja so gut ausgebaut.«

Überlegen Sie sich im Voraus, wer das Gespräch eröffnen soll. Das hängt vom Thema ab. Will der Gast etwas von Ihnen – oder umgekehrt. Üblicherweise redet der Gast als Erster.

Spricht Ihr Gegenüber, schauen Sie ihm oder ihr häufig in die Augen, aber starren Sie nicht. Sprechen Sie selbst, suchen Sie nur ab und zu Blickkontakt.

Prüfen Sie das Nonverbale Ihres Gesprächspartners. Ist er nervös, schaut er Sie an oder zum Fenster hinaus, fummelt er an der Krawatte oder an den Haaren, wippt er auf dem Stuhl hin und her, sitzt er ruhig auf dem Stuhl? Wird er emotional, hebt er die Stimme, wird er wütend – dann senken Sie die Stimme und sprechen langsam. Nennen Sie immer wieder seinen Namen, das schafft ein Sympathiefeld.

Wenn Sie ihm etwas Unangenehmes mitzuteilen haben, fallen Sie nicht gleich mit der Tür ins Haus. Doch warten Sie auch nicht zu lange. Sprechen Sie Klartext. Und nicht erst am Ende des Gesprächs.

Ich kenne den Fall einer Werberin, die jahrelang für ein Unternehmen gearbeitet hat. Sie wurde vom Chef des Unternehmens zu einem Gespräch eingeladen. Die Situation war entspannt, man sprach über Vergangenes und über die Schwierigkeiten auf dem Markt. Man trank Kaffee und erzählte sich von den Familien. Am Schluss sagte der Chef: »Übrigens, wir müssen unsere Zusammenarbeit beenden. Wir haben andere Offerten eingeholt, die sind sehr vielversprechend, wir wollen es jetzt einmal mit einer anderen Agentur versuchen.« Ein solches Verhalten ist unanständig und unprofessionell.

Ziehen Sie am Schluss des Gesprächs Bilanz. Fassen Sie den Inhalt in wenigen Sätzen zusammen. Erwähnen Sie nochmals, wie es jetzt weitergeht – wenn es weitergeht. Danken Sie dem Gast, dass er zu Ihnen gekommen ist. Verabschieden Sie ihn mit Handschlag, begleiten Sie ihn zur Tür.

Streit, Intrigen, Mobbing

Chefs mögen Konflikte nicht, denn sie stören. Viele Führungspersonen haben die Tendenz, Konflikte unter den Teppich zu kehren: »Ist doch alles nicht so schlimm. Überall gibt es Konflikte, auch wir müssen mit Konflikten leben. Konflikte gehören nun mal zu einem Unternehmen, sie gehören zum Leben.« Diese Haltung kann sich rächen. Denn schwelende Konflikte geraten schnell außer Kontrolle.

Eine Führungsperson soll allerdings Augenmaß bewahren und nicht gleich bei jeder Kleinigkeit eingreifen und ein Mediationsgespräch anberaumen. Hat ein Mitarbeiter, eine Mitarbeiterin wieder einmal schlechte Laune, seis drum.

Dennoch, Konflikte, Intrigen und Mobbing beeinträchtigen die Motivation der Mitarbeitenden. Streitereien sind Energieverschleiß, sie beeinträchtigen die Freude an der Arbeit und kosten Zeit und Geld. Schlecht bewirtschaftete Konflikte können der Anfang von Chaos sein.

»Wer Konflikte richtig löst, spart Kosten und bereitet Erfolge vor«, schreibt die Mediationstrainerin Anita von Hertel in ihrem 2008 erschienenen Buch.

Wir wissen: Schuld ist immer der andere. »Über unlösbare Probleme lässt sich nicht fruchtbar streiten«, sagt Rupert Lay in seiner *Dialektik für Manager*. Wichtig ist, dass man aus der Destruktionsspirale, aus der Sackgasse herauskommt.

Wie gelingt das? Es gibt unzählige Bücher und Strategien zu Konfliktmanagement und Krisenkommunikation. Strategie hin oder her: Die Art und Weise, wie der oder die Vorgesetzte auftritt, wie er oder sie sich gibt, wie er oder sie kommuniziert, entscheidet darüber, ob ein Konflikt eskaliert oder eingedämmt werden kann. Oder gar nicht entsteht.

Viele Chefs kommunizieren nur rudimentär. Oder sie befehlen via E-Mails, behandeln die Mitarbeitenden von oben herab, lassen sie kaum zu Wort kommen und pochen auf ihrem Status als Chef. Oder sie bevorzugen einige und lassen andere merken, wie wenig man von ihnen hält.

Bahnt sich ein Konflikt an oder bricht er aus, heißt es: »Wir haben ein Kommunikationsproblem.« Das ist meist ein Euphemismus. Der Hauptgrund liegt oft tiefer. Er liegt darin, dass der Chef einen abstrusen Führungsstil pflegt. Oder eben keinen.

Profil einer Führungsperson

»Was erwartet man heute von einem Vorgesetzten?« Diese Frage stelle ich bei einem CAS-Studiengang an der Universität Zürich zur Diskussion. Das Thema löst immer angeregte, teils emotionale Diskussionen aus.

Eine Führungsperson soll »führen«, heißt es. Sie soll Zeit für ihre Mitarbeitenden haben. Sie soll ihnen regelmäßig ein Feedback geben. Führungspersonen, die mit Arbeit überlastet sind und die Mitarbeitenden vernachlässigen, sollten ihre Führungsposition abgeben und delegieren. Sie mögen wunderbare Arbeit leisten, aber nicht als Führungskraft.

Wie viele unnahbare oder überhebliche Chefs es doch gibt. Mit autoritärem Verhalten gewinnt man keine Autorität. Gebieterische Personen sind uns unsympathisch. Und herrische Vorgesetzte, denen man zudienen muss, stoßen uns ab. Sie belasten das Betriebsklima, reduzieren die Freude an der Arbeit und mindern den Output. Nur wer sich mit dem Unternehmen identifizieren kann, ist bereit, sich mit Ideen und Vorschlägen einzubringen und Opfer zu leisten. Man macht nicht gerne Überstunden für einen rücksichtslosen Zahlenmenschen, der kaum jemanden grüßt.

Chefs kommunizieren nicht nur verbal, sondern auch mit ihrem Verhalten, betonen die CAS-Studierenden. Kommunikation ist Ausstrahlung, Charisma. Kommunikation ist auch Charaktersache.

Auch in der Hierarchie hochstehende Führungspersonen sollten sich ab und zu den Mitarbeitenden stellen. »Ich habe unseren Verwaltungsratspräsidenten noch nie gesehen«, sagte mir eine Kaderfrau einer mittelgroßen Bank. Selbst der Papst speist ab und zu in der Kantine des Vatikans mit den Mitarbeitenden. Er ist Verwaltungsratspräsident.

Der autoritäre Führungsstil ist passé. Er weckt Widerstände. Wer autoritär führt, zeigt, dass er wenig Interesse an den anderen hat. Meistens sind diese autoritären Führungskräfte im Innersten verunsichert, ängstlich und scheuen den zwischenmenschlichen Kontakt.

Doch Sozialkompetenz wird immer wichtiger. Immer mehr wird heute ein kooperativer Führungsstil gepflegt. Der Chef als Coach. Er tritt als Mensch auf. Er fordert, aber er fördert auch. Er geht auf die Mitarbeiterinnen und Mitarbeiter ein, er will sie weiterbringen, sie motivieren und das Beste aus ihnen herausholen – im Interesse der Mitarbeitenden und des Betriebs. In einem angenehmen Arbeitsklima arbeitet es sich effizienter.

Marschrichtung bekanntgeben

Erste Aufgabe der Führungsperson ist es, klipp und klar zu kommunizieren, was sie will. Viele Konflikte entstehen, weil keine klaren Strukturen und Vorgaben bekannt sind.

Der Vorgesetzte muss sein Programm, seine Politik, seine Stoßrichtung allen Mitarbeiterinnen und Mitarbeitern bekanntgeben. Es handelt sich um eine Art »State of the Union«-Botschaft. Jede und jeder muss auf dem gleichen Stand sein. Hier stehen wir, das wollen wir gemeinsam erreichen. Das sind die Vorgaben. Daran könnt und müsst ihr euch halten. So kann erreicht werden, dass Konflikte gar nicht erst aufkommen. Und wenn sie aufkommen, kann man sie klarer benennen.

Das setzt voraus, dass die Führungsperson konkret weiß, was sie will. Hat der Chef kein konkretes, überzeugendes Programm, keine klare Linie, wird er es schwer haben. Führungspersonen, die jede Woche den Kurs ändern, werden kaum ernst genommen. So entsteht ein Vakuum, so entstehen Konflikte. Wenn ein Chef nicht klar sagt, was er will, kann er nicht erwarten, dass effizient und produktiv gearbeitet wird.

Bei der Anstellung, der Beförderung oder in Mitarbeitergesprächen muss die Führungsperson den Mitarbeitenden konkret, detailliert und schriftlich kommunizieren, was von ihnen erwartet wird. Welchen Platz im Betrieb nehmen sie ein, welche Rolle spielen sie, welche konkreten Aufgaben haben sie? Oft werden solche Fragen mit Gemeinplätzen beantwortet. Das kann sich rächen.

Offene Betriebskultur schaffen
Um Konflikte zu vermeiden, muss eine offene Betriebskultur geschaffen werden. In einem Seminar mit Mitgliedern des mittleren Kaders im Zürcher Oberland erarbeiteten wir folgende Richtlinien:
- Die Führungsperson muss deutlich kommunizieren, dass eventuelle Konflikte nicht ausgesessen, sondern angegangen werden.
- Jeder und jede muss gleich behandelt werden. Nicht mit dem einen Bier trinken gehen und mit dem anderen nicht.
- Jeder und jede muss ernst genommen werden, auch diejenigen, die man nicht mag.
- Hat man ein Treffen mit einer Mitarbeiterin, einem Mitarbeiter vereinbart, darauf achten, dass man selbst nicht zu spät kommt.
- Der Chef gewinnt Autorität, wenn er sich als Mensch zeigt und ab und zu Schwächen zugibt. Wer sich fehlerfrei darstellt, gewinnt keine Anerkennung.
- Die Führungsperson muss einen persönlichen Kontakt mit den Mitarbeitenden pflegen. Zwischen Chef und Mitarbeitenden darf es nicht nur E-Mail-Verkehr geben.
- Man soll über alles diskutieren können. Auch Menschen, die abstruse, quere Ideen einbringen, sollen angehört und nicht übergangen werden.
- Die Führungsperson soll klar kommunizieren, dass auch junge Mitarbeiterinnen und Mitarbeiter ernst genommen werden.

Sie sollen zur aktiven Mitarbeit und einer eigenen Meinung ermuntert werden.

- Die Führungsperson muss mit öffentlichem Lob vorsichtig umgehen. Die anderen fühlen sich dadurch benachteiligt, was zu Mobbing des Gelobten führen kann.
- Die Führungskräfte müssen die Mitarbeitenden »führen« – das heißt: Vorgaben klar kommunizieren, die Arbeit beobachten, beurteilen und Feedback geben.
- Retraiten in Hotels oder Berghütten können die Betriebskultur fördern, es muss aber nicht der Fall sein. Sieht man Mitglieder des Kaders in den Pantoffeln an der Theke ein letztes Bier trinken, muss das nicht zwingend das Betriebsklima verbessern.

Emotional aufgeladen

Sie sind eine Führungsperson und mit einem Mitarbeiter nicht zufrieden. Sie bitten ihn zu einem Gespräch in ihr Büro. Tun Sie das nicht allzu kurzfristig, damit sich der Betroffene vorbereiten kann. Beraumen Sie den Termin aber auch nicht zu lange im Voraus ein. Bedenken Sie, dass er wie ein Damoklesschwert über ihm schweben kann.

Bereiten Sie sich gründlich auf das Gespräch vor. Was passt Ihnen nicht? Prägen Sie sich den Namen des Mitarbeiters gut ein. Mir wurde von einem schwierigen Gespräch berichtet, bei dem ein Chef sein Gegenüber stets mit »Widmer« ansprach. Er hieß Affentranger. Das ist verächtlich. Der Mitarbeiter folgert: Er kennt nicht einmal meinen Namen, mein Chef hält offenbar gar nichts von mir.

Haben Sie den Mitarbeiter oder die Mitarbeiterin zu einem Gespräch zitiert, lassen Sie sie bzw. ihn nicht warten. Noch immer gibt es Chefs, die bewusst einen Angestellten zehn Minuten im Vorzimmer sitzen lassen. Sie wollen so ihre Überlegenheit demonstrieren. Das sind Kindereien.

Mitarbeiter, die zu Ihnen ins Büro zitiert werden, sind meist emotional aufgeladen. Sie fürchten das Gespräch oder sind im Angriffsmodus. Mit einem ruhigen Verhalten können Sie eine Basis für ein fruchtbares Gespräch schaffen.

»Viele Mitarbeiter wollen einfach mal reden und reden«, erklärt mir eine deutsche Managerin, die seit zwölf Jahren mit Konflikten zu tun hat und schwierige Gespräche leitet. »Unterbrechen Sie den Mitarbeiter nicht, hören Sie zu, schauen Sie dem Gegenüber ins Gesicht. Wer sich seine Frustration vom Leibe reden kann, ist nachher eher zu einer gemeinsamen Lösung bereit.«

Doch es gebe auch Mitarbeiter, die nicht bereit seien, zu sprechen. Sie mögen »Versöhnungsgespräche« nicht. Ihr Ziel ist es, möglichst schnell wieder aus dem Büro des Chefs verschwinden zu können. Einige geben sofort nach, nehmen sogar einen Teil der Schuld auf sich, erklären, sie würden es künftig besser machen – und weg sind sie. Der Konflikt ist weder benannt noch gelöst.

Andere reagieren mit Resignation. Es hat ja doch alles keinen Sinn. Verändern können wir ja nichts. Die Chefs haben längst alles entschieden. Man zieht sich in die innere Emmigration zurück.

Das Wichtigste in einem Konfliktgespräch ist, dass alles auf den Tisch kommt. Oft sind die Mitarbeiter nicht bereit, die wirklichen Probleme zu benennen und schieben andere Probleme vor. Oft nehmen dann Kleinigkeiten einen großen Raum ein. Aufgabe des Vorgesetzten ist es, zu bohren, bis das Gegenüber die eigentlichen Probleme benennt. Gelingt das dem Chef nicht, wird der Konflikt nicht gelöst. Oft sagen die Mitarbeitenden: »Mir geht es einzig um die Sache.« Meistens geht es nicht um die Sache, sondern um ein tieferes Problem.

Da Vorgesetzte und meist auch Mitarbeiter Konflikte nicht mögen, besteht die Gefahr, dass man allzu früh Entwarnung gibt und den Zwist für gelöst erklärt. Das rächt sich meist schnell. Der

Konflikt schwelt weiter und bricht früher oder später wieder aus. Darüber gesprochen zu haben, ist nicht per se eine Garantie dafür, dass die Probleme vom Tisch sind. Ein echter Konflikt wird meist nicht in einem einzigen Gespräch gelöst; es braucht Etappen.

Wenn die Fronten starr sind, fragen Sie den Mitarbeiter doch einfach einmal: Wie würden Sie den Konflikt lösen? Diese Frage bewirkt oft Wunder. Der Mitarbeiter, die Mitarbeiterin fühlt sich ernst genommen. An Ihnen ist es dann, seine Vorschläge konkret zu bewerten: mit Argumenten zurückzuweisen oder einzelne Punkte aufzunehmen.

- Empfangen Sie den Mitarbeiter korrekt gekleidet: nicht im Bermudahemd oder in Sandalen und mit kurzen Hosen. Auch wenn es 35 °C warm sein sollte. Das wäre respektlos.
- Begrüßen Sie den Mitarbeiter mit Handschlag.
- Weisen Sie ihm einen bequemen Platz zu.
- Setzen Sie ihn nicht an die Sonne oder unter eine Lichtquelle. Das erinnert an Verhörmethoden.
- Ich hörte von einer Führungsperson, die während des Gesprächs Kaugummi kaute. Das ist respektlos.
- Stellen Sie Ihr Handy während des Gesprächs ab.
- Schauen Sie während des Gesprächs nicht zum Fenster hinaus oder auf den Boden oder an die Decke.
- Auch wenn Sie ihr Gegenüber nicht mögen, seien Sie freundlich.
- Legen Sie dem Mitarbeitenden mit ruhiger Stimme Ihre Kritikpunkte vor.
- Geben Sie ihm das Wort, damit er sich äußern kann. Lassen Sie ihn reden, unterbrechen Sie ihn nicht.
- Gehen Sie auf seine Replik ein. Geben Sie ihm Recht, wo ihm Recht gebührt.
- Wiederholen Sie die Punkte, die er nicht entkräften konnte.
- Versuchen Sie zu ergründen, ob hinter seinem Benehmen nicht

ein größeres Problem steht. Ein Konflikt verdeckt häufig einen anderen.

- Geben Sie jetzt die Marschrichtung vor. Sagen Sie ihm in ruhigem Ton, was Sie jetzt von ihm erwarten.
- Fragen Sie ihn, ob er bereit ist, das zu akzeptieren.
- Wenn ja, vereinbaren Sie ein neues Treffen mit ihm in drei Monaten, um Bilanz zu ziehen.
- Verabschieden Sie sich mit ein paar freundlichen Worten und Handschlag.
- Ist der Mitarbeiter nicht bereit, Ihre Vorgaben zu akzeptieren, brechen Sie das Gespräch ab. Überlegen Sie sich nachher, ob einige seiner Argumente vielleicht nicht doch stimmen. Bitten Sie den Mitarbeiter erneut zum Gespräch. Überlegen Sie sich im Voraus, wie Sie reagieren, wenn die Fronten verhärtet bleiben.

Quälgeist, Bedenkenträger?

Sie sind Mitarbeiterin oder Mitarbeiter und werden vom Vorgesetzten zu einem Gespräch gebeten. Sie ahnen, dass etwas nicht in Ordnung ist.

Bereiten Sie sich gründlich vor. Stellen Sie sich vor, was Ihnen der Chef vorwerfen könnte. Legen Sie eine Liste an. Könnte man Ihre Arbeit kritisieren, Ihren Umgangston, Ihr Verhalten Ihren Kollegen gegenüber? Gelten Sie als Quälgeist, als Bedenkenträger, als ständiger Bremser und Neinsager? Kommen Sie oft zu spät, bringen Sie keine neuen Ideen ein? Oder haben Sie vielleicht Kollegen angeschwärzt? Seien Sie selbstkritisch. Bereiten Sie Antworten vor.

Legen Sie Ihre Strategie fest. Bei welchen Punkten wollen Sie nachgeben? Wo wollen Sie sich gar entschuldigen? Bei welchen möglichen Vorwürfen möchten Sie kontern und sachlich Ihre Meinung dazu sagen? Und bei welchen möglichen Anschuldigungen möchten Sie unter keinen Umständen nachgeben? Präparieren Sie Ihre Antworten in klaren, überzeugenden Worten.

- Bereiten Sie vor, was Sie dem Chef sagen möchten. Nehmen Sie einen Zettel mit Stichworten mit. In emotionalen Situationen vergisst man oft etwas.
- Sprechen Sie das, was Sie vortragen möchten, mehrmals für sich zu Hause durch.
- Kleiden Sie sich korrekt, keine Freizeitkleidung.
- Erniedrigen Sie sich nicht. Geben Sie sich als stolzer Mitarbeiter, ohne überheblich zu sein.
- Sitzen Sie aufrecht. Wenn Sie sprechen, suchen Sie ab und zu Blickkontakt zum Chef. Starren Sie ihn nicht an.
- Spricht der Vorgesetzte, schauen Sie ihm in die Augen.
- Fallen Sie dem Vorgesetzten nicht ins Wort.

Ein Konflikt besteht immer aus zwei Seiten. Ist der Chef mit dem Mitarbeiter unzufrieden, ist meist auch der Mitarbeiter mit dem Chef nicht zufrieden.

Bereiten Sie sich darauf vor, was Sie auszusetzen haben. Das darf allerdings nicht den Anschein einer Retourkutsche machen: »So, jetzt haben Sie mich kritisiert, jetzt haue ich Sie mal in die Pfanne.«

Sagen Sie: »Ich nehme Ihr Feedback zur Kenntnis, ich sehe, Sie sind in vielem nicht ganz zufrieden mit mir. Das hat vielleicht auch eine Ursache. Darf ich Ihnen meine Sicht der Dinge darlegen …«

Mitarbeitergespräche

Oft werden Mitarbeitergespräche auf abstruse und fast erniedrigende Art geführt. Der Vorgesetzte spricht und spricht, hält eine Standpauke, kritisiert – und lässt, der guten Ordnung halber, hie und da ein Lob fallen. Und am Schluss darf der Mitarbeiter, die Mitarbeiterin noch einige Sätze sagen.

Sinnvolle Mitarbeitergespräche bestehen aus drei Teilen. Sie werden nach einem bestimmten Schema geführt: Der Mitarbeiter erklärt, was er vom Chef und vom Betrieb hält, wo ihn vielleicht der Schuh drückt, welche Probleme er hat, wie er sich fühlt im Unternehmen, welche Vorschläge und Verbesserungswünsche er hat.

Anschließend äußert der Chef seine Sicht der Dinge: Wie schätzt er die Arbeit des Mitarbeiters ein, wo sind dessen Stärken und Schwächen, was kann verbessert werden? Im dritten Teil versucht man gemeinsam Ziele zu erarbeiten: Was wollen wir in den nächsten Monaten gemeinsam erreichen? Wo muss sich der Mitarbeiter ändern, verbessern vielleicht. Was streben wir konkret an? Diese Ziele werden festgeschrieben und nach einer gewissen Zeit überprüft.

Mitarbeiter gehen oft klopfenden Herzens in ein Mitarbeitergespräch. Wichtig ist, dass es dem Vorgesetzten gelingt, ein entspanntes Klima zu schaffen. Das beginnt schon bei der Begrüßung. Ein freundlicher Händedruck, ein Lächeln, vielleicht ein Kaffee. Der Mitarbeiter soll einen bequemen Platz haben. Etwas Smalltalk am Anfang. Sind Sie als Führungsperson an der Reihe, beginnen Sie mit dem Positiven. Wenn ein Mitarbeiter gleich zu Beginn das Messer im Rücken spürt, hört er nicht mehr zu.

Der Mitarbeiter, die Mitarbeiterin muss spüren, dass man ihn bzw. sie ernst nimmt, dass man zuhört. Da Mitarbeitergespräche meist nur einmal pro Jahr stattfinden, haben sie für den Mitarbeiter eine riesige Bedeutung. Chefs, die Mitarbeitergespräche als Quantité négligeable ihres Berufs betrachten, sollten nicht Chef sein.

Ein Mitarbeitergespräch ist ein Vertrauensgespräch. Nur wenn gegenseitiges Vertrauen aufgebaut ist, kommen auch die wirklichen Probleme auf den Tisch. Wenn der Mitarbeiter Angst vor dem Vorgesetzten hat, wird er sich nicht öffnen und mögliche

Missstände nicht offen zur Sprache bringen. Das kann sich später rächen – auch für den Chef.

Der Shitstorm
Auf alles gefasst sein

Sie kennen Murphy's Law: »Alles, was schiefgehen kann, wird auch schiefgehen.« Doch mit intensiver Vorbereitung, mit Training, Schulung und Proben reduzieren Sie die Gefahr, dass etwas außer Kontrolle gerät. Seien Sie auf das Schlimmste gefasst – und minimieren Sie dadurch die Risiken.

Aus Winterthur sind zwei Geschwister, ein 16-Jähriger und eine 15-Jährige, in den Djihad gezogen. Die Schulleitung hatte die schwierige Aufgabe, die Mitschüler und die Eltern zu informieren.

In Flaach, Kanton Zürich, erstickt eine verzweifelte Mutter ihre beiden Kinder. Die Kinder- und Erwachsenenschutzbehörde (KESB) gerät unversehens in die Kritik, wird angepöbelt und muss sich erklären.

Plötzlich stehen Behörden, Schulpflege, Lehrerinnen und Lehrer im Rampenlicht. Sie, die bisher eher im Stillen gewirkt haben, werden von den Medien belagert und von politischen Parteien in der Luft zerrissen. Jäh bricht ein Shitstorm über sie herein. Sie müssen auftreten, kommunizieren, sich hinstellen, sich erklären, sich rechtfertigen, obschon das die Wenigsten gelernt haben.

Viele fürchten sich vor öffentlichen Auftritten. »Das kann ich nicht, das will ich nicht, das ist nicht meine Sache.« Doch plötzlich ist der Moment da, in dem sie *müssen*. Kneifen ist ausgeschlossen.

Es geht immer um den Inhalt und die Form. *Was* sagen Sie, wenn Sie plötzlich etwas sagen müssen? Und: *Wie* vermitteln Sie das Gesagte? Können Sie in der Öffentlichkeit auftreten, vor den Medien, einem Untersuchungsausschuss, einem Elternverein, einer politischen Behörde? Wissen Sie, wie die Medien funktionieren?

Schule dich in der Zeit, so profitierst du in der Not. Die Fälle von Winterthur und Flaach machen deutlich, wie wichtig solche Schulungen sind. »Ach, bei uns ist das nicht nötig, von uns will niemand etwas«, sagt ein Behördenmitglied einer kleinen Gemeinde. Und plötzlich liegt eine Leiche vor dem Konsumverein. Dann wird das Behördenmitglied an die Öffentlichkeit gezerrt – und macht alles falsch.

Viele haben nicht begriffen, wie wichtig in der heutigen, mediatisierten Welt gekonnte Auftritte sind. Die Medien sind fordernder geworden, die politischen Parteien schlachten Fehler und dilettantisches Auftreten rücksichtslos aus. Das Lokalfernsehen richtet seine Kameras bis in die hintersten Ecken des Landes. Da muss ein Schulleiter plötzlich Stellung beziehen, weil eine dreißigjährige Lehrerin ein Verhältnis mit einem 17-Jährigen pflegte. Richtiges und schnelles Reagieren in Ausnahmesituationen ist heute Pflicht.

Wenn die Krise da ist, ist es zu spät

Doch richtig und schnell reagieren kann nur, wer geschult ist, wer vorbereitet und auf das Schlimmste gefasst ist. Nicht nur Mitglieder von Schulbehörden stehen plötzlich im Scheinwerferlicht, auch andere Verwaltungsorgane sind, wenn sie überrumpelt werden, schnell überfordert. Wenn die Krise da ist, ist jede Schulung zu spät.

Bei einer Gasexplosion weiß der Zivilschutz haargenau, was zu tun ist. Erste, zweite, dritte Priorität. Es gibt ein detailliertes Krisenszenario, das immer wieder geübt und geschult wird. Wer bietet wen auf, wer tut was, wer informiert wen?

Für jede Art Ausnahmesituation hat die Armee einen professionell ausgearbeiteten, minutiösen Einsatzplan. Was tun, wenn … Und Ämter, Behörden, Verwaltungen, Privatunternehmen? Viele laufen blauäugig ins Verderben, weil sie sich nicht vorstellen wollten, dass einmal etwas passieren könnte.

Die Fluggesellschaft Swiss verfügt über ein professionelles, ausgeklügeltes Krisenmanagement. Wie reagiert man, wenn eine Maschine abstürzt, wenn eine Bombe hochgeht? Es gibt ein detailliertes Alarmszenario und eine Checkliste. Was tun, wenn? Wen aufbieten, was bereitstellen, wie vorgehen, wen informieren, wie informieren?

Man soll nicht den Teufel an die Wand malen, aber Panik und unüberlegtes Handeln könnten vermieden werden, wenn man auf Schlimmes gefasst wäre. Wie reagiert man konkret, wenn das Unerwartete eintritt? Wie tritt man auf? Wie gibt man ein Interview? Wie steht man vor die Kamera? Wer steht vor die Kamera? Und wenn dieser »wer« in den Ferien ist, wer ist die zweite, die dritte Wahl? Wo sind die aktuellen Telefonnummern dieser Personen greifbar?

Krisenkommunikation wird oft zur Kommunikationskrise. Da geschieht etwas, und die Verantwortlichen sind überfordert. Reflexartig mauern sich dann viele ein. Anstatt schnell zu informieren, halten sie Informationen zurück und wimmeln die Medien ab, scheuen die Öffentlichkeit. Sie hoffen, dass sich der Sturm legt.

Viele Medienabteilungen von Unternehmen sind für solche Fälle nicht gerüstet. Manche glauben noch immer, ihre Mediensprecher seien nur dazu da, die Welt mit freudigen Botschaften zu füttern. »Seht, wie gut, wie innovativ, wie erfolgreich wir doch sind!« Läuft es einmal nicht so gut, sind sie überfordert. Mediensprecher verkommen immer mehr zu Marketingpuppen.

Wer heute keine offensive und offene Kommunikationspolitik betreibt, nimmt das Risiko in Kauf, einen erheblichen Gesichts- und Vertrauensverlust zu erleiden. Heute kann fast nichts mehr unter dem Deckel gehalten werden; alles kommt an die Öffentlichkeit – oft schon, bevor die Verantwortlichen über das Desaster informiert sind. Über Twitter, Facebook und Youtube werden Informationen in Windeseile verbreitet. Und irgendwann steht dann ein verdatterter Mediensprecher, ein überforderter Verantwortlicher vor die Kameras und verkündet, was die Öffentlichkeit längst schon weiß. Manche Betriebe täten gut daran, ihre Medienabteilungen nicht nur auf frohe Botschaften zu trimmen, sondern mit allen Beteiligten (inklusive Chefs) Katastrophenszenarien zu üben.

In einem kleinen Basler Pharmaunternehmen hat die Medienabteilung einen Krisenplan erstellt. Planspiele für Krisensituationen wurden erarbeitet, Antworten auf mögliche kritische Fragen vorbereitet. Nun steht ein Medientraining mit dem Chef an. Dieser jedoch hat den Plan mit dem ausgearbeiteten Wording noch nie gelesen. Er liegt in der Schublade. »Keine Zeit gehabt.« Sein erstes Übungsinterview ist unbeholfen, er tappt in jeden Fettnapf. Im Ernstfall hätte ihn ein solches Interview den Kopf gekostet.

Der Bündner Fleischhändler Carna Grischa flog auf, weil ein Whistleblower falsche Fleischdeklarationen publik machte. Der Händler reagierte zunächst mit jämmerlichen Ausflüchten und der klassischen Abwehrhaltung eines Ertappten. Erst als ein Abwimmeln nicht mehr möglich war, entschuldigte er sich. Der Reputationsverlust wird Jahre auf dem Betrieb lasten. Hätte er schnell und offensiv informiert, wäre der Imageschaden wesentlich kleiner ausgefallen.

Dass sich Behörden und Unternehmen oft auf Schlimmes nicht vorbereiten wollen, ist vielleicht menschlich. Man will nicht ans Unheil denken. Man hofft, es treffe nie ein. Doch wenn es dann eintrifft, macht man Fehler über Fehler.

Den Fall der Djihadisten aus Winterthur haben zwei Seminaristinnen zum Anlass genommen, intensiv darüber nachzudenken, wie sie in Krisenfällen reagieren würden. Sie stellten eine Liste mit erfundenen, schlimmstenfalls eintretenden Ereignissen auf – Ereignisse, die an einer Schule geschehen könnten. Sogar eine Schießerei an der Schule skizzierten sie als Übung.

Für jeden einzelnen Fall erarbeiteten sie einen Aktionsplan. Wie gehen sie vor? Priorität eins, zwei, drei? Was veranlassen sie als Erstes? Wen informieren sie? Was sagen sie den Schülern? Was sagen sie den Eltern? Zieht man einen Juristen bei? Oder gar einen Kommunikationsberater? Und wenn die Medien schon dastehen, was sagen sie ihnen? In Rollenspielen übten sie ihr Verhalten in den konkreten Krisensituationen.

Der Ferrari in der Fußgängerzone

Es muss nicht immer eine handfeste Krise sein. Auch auf alltägliche, kleinere Konflikte und mögliche Zwischenfälle kann man sich vorbereiten. Wie oft reagieren Menschen verdutzt und hilflos, wenn sie sich plötzlich in einer heiklen Situation befinden. Im Nachhinein weiß man dann, wie man hätte reagieren sollen.

In der Fußgängerzone einer Westschweizer Stadt parkt ein Ferrari mit französischem Kennzeichen. Zwei Polizeibeamte werden auf das Fahrzeug aufmerksam und zücken den Bußenblock. Drei Franzosen stürmen aus einem Geschäft und pöbeln die Beamten an. Die Polizisten sind sprachlos, hilflos, überfordert, in sich gekehrt. Sie wissen nicht, wie sie reagieren sollen. Sie weichen immer wieder zurück und werden niedergeschrien. Die Franzosen spüren die Hilflosigkeit und legen erst recht los.

Der Polizeikommandant erfährt von dem Zwischenfall. Wie sollen und müssen Polizisten in solchen Fällen konkret reagieren? Wie müssen sie auftreten, was sollen sie sagen, wie sollen sie sich verhalten? Natürlich werden Polizisten für Extremfälle geschult.

Aber auch Auftritte in solchen Bagatellfällen kann man durchspielen und üben. Schnell arbeitete der Kommandant ein Schulungsprogramm aus. In Rollenspielen werden Polizisten angepöbelt. Und sie lernen, darauf zu reagieren.

Der wütende Gast

In einem guten, gut besetzten Restaurant ist ein Gast gar nicht zufrieden. Er beginnt den Kellner anzupöbeln, vor versammelter Runde. Und am Ende verliert er die Fassung vollends: Es hagelt Schimpfworte. Der junge Kellner kann nicht damit umgehen, er ruft den Chef. Doch auch dieser ist überfordert. Er versucht, den Gast zu beruhigen – ohne Erfolg. Er will den Hitzkopf aus dem Lokal weisen; da eskaliert die Lage erst recht. Wie verhält man sich in einer solchen Situation? Das kann man in ruhigen Zeiten in Rollenspielen üben. Der Chef beraumte für sich und seine Kellner ein Kommunikationstraining an.

Auch im Dienstleistungssektor ist die Kommunikationsfähigkeit der Angestellten längst ein wirtschaftlicher Faktor. Wie reagiert das Personal auf aggressive Kundinnen und Kunden? Wie reagieren Tram- und Buschauffeure auf Belästigungen, wie kommunizieren Angestellte am Bahnschalter?

Das Kommunikations-Know-how gehört heute zum Basiswissen. Es sollte in Schulen, Gymnasien, Universitäten trainiert und studiert werden. Da und dort werden auch bei uns seit Längerem wertvolle Schulungen angeboten. Doch oft erstaunt es, wie völlig unvorbereitet und hilflos viele reagieren, wenn es laut wird.

»Bitte unterbrechen Sie mich nicht«

Auftreten, richtig reagieren, überzeugen: Auch in Vereinen und Genossenschaften muss man sich durchsetzen. Oder bei Versammlungen von Stockwerkeigentümern. Dort fallen oft wichtige Entscheidungen. Und dabei gibt es oft Krach.

Immer geht es um das Gleiche: Was möchten Sie erreichen? Was möchten Sie ändern? Bereiten Sie eine kurze Rede vor. Beschreiben Sie die Vorteile Ihres Vorschlags, versuchen Sie, mit klaren Worten die anderen davon zu überzeugen. Es wird Gegenargumente geben. Welche Gegenargumente könnten aufkommen? Bereiten Sie Repliken auf mögliche Gegenargumente vor. Reden Sie nicht ausufernd, platzieren Sie einige klar verständliche Kernbotschaften. Liegen Streitigkeiten in der Luft? Welche? Wie werden Sie darauf reagieren?

Bauen Sie Ihre Intervention dramaturgisch spannend auf. Guter Einstieg, lebhafte Passagen, These, Antithese, Synthese, guter, zusammenfassender Schluss. Wer unvorbereitet sein Anliegen vorträgt, wer sich verhaspelt, die Worte nicht findet, die Sätze nicht zu Ende bringt, wird es schwer haben, die anderen zu überzeugen.

Solche Versammlungen unterliegen strikten gesetzlichen Regeln. Informieren Sie sich über die rechtlichen Grundlagen, sonst riskieren Sie, von jenen, die informiert sind, abgekanzelt zu werden.

Sprechen Sie klar und deutlich. Suchen Sie Blickkontakt mit den Anwesenden. Versuchen Sie, möglichst frei zu sprechen. Wer abliest, kommt weniger gut an. Geben Sie den Anwesenden immer wieder explizit Recht, wo ihnen Recht gebührt. Das entspannt und beruhigt sie. Dann fallen Ihre Vorschläge meist auf fruchtbareren Boden.

Treten Sie ruhig und bestimmt auf. Sprechen Sie die Leute mit Namen an. Wer herumschreit, wird nicht ernst genommen. Schaffen Sie sich eine Autorität, indem Sie beherrscht auftreten und mit klarer, deutlicher Stimme sprechen. Wenn Sie unterbrochen werden, sagen Sie:

- Bitte lassen Sie mich meinen Standpunkt vortragen. Wir hören uns nachher gerne Ihren Standpunkt an.
- Bitte unterbrechen Sie mich nicht. Wir sind hier eine, wie der

Gesetzgeber sagt, »Versammlungsdemokratie«. Und in einer solchen Demokratie darf und muss jeder und jede seinen Standpunkt darlegen.

- Wieso unterbrechen Sie mich ständig? Bitte hören Sie mir doch zu. Vielleicht kann ich Sie überzeugen. Ich würde mir das wünschen.

Auch bei solchen Meetings zählt das Outfit. Selbst wenn die Versammlung der Wohnungseigentümer am Feierabend im eigenen Wohnturm stattfindet: Treten Sie nicht im Trainingsanzug und mit Pantoffeln auf. Wer in Flipflops daherkommt, gewinnt keine Autorität.

To take away

- Schule dich in der Zeit, so profitierst du in der Not.
- Wenn die Krise da ist, ist es zu spät.
- Erarbeiten Sie Aktionspläne für mögliche schlimme Vorkommnisse.
- Erarbeiten Sie Prioritätenlisten. Wen informieren Sie zuerst, was tun Sie zuerst?
- Halten Sie keine Informationen zurück, das rächt sich immer.

DRITTER TEIL

Wer die Medien nicht kennt, lebt gefährlich

Viele Politiker und Unternehmen haben ein gestörtes Verhältnis zu den Medien. Sie wissen nicht, wie sie funktionieren. Sie machen sich nicht die Mühe, es zu lernen. Doch ein verpfuschter Auftritt kann nachhaltige Folgen haben.

Journalisten stören nur
Informationen verhindern

Viele Unternehmen haben in den letzten Jahren ihre Kommunikationsabteilung radikal ausgebaut. Nicht aber mit dem Ziel, besser zu informieren, sondern um Informationen zu verhindern. Oft habe ich mich gefragt, was zwanzig Kommunikationsexperten in einem Betrieb den lieben langen Tag tun. Spontane Antworten bei Anfragen erhalten Journalisten immer weniger. Dahinter steht die Angst, etwas Unbedarftes zu sagen: etwas, das man gegen den Betrieb verwenden könnte.

Meist wird man als Journalist aufgefordert, die Fragen schriftlich einzureichen. Oft kommt dann keine Antwort. Und wenn eine kommt, dann ist sie derart verwässert, dass man sie gleich wegschmeißen kann. Jede Instanz im Betrieb hat an ihr herumgeflickt, dies noch gestrichen und jene Formulierung entschärft.

Ich moderierte ein Wirtschaftsgespräch mit Regierungsräten zweier Kantone. Die Politiker einigten sich in der Diskussion, ein neues Projekt anzustoßen: echte News. Nach dem Gespräch fragte ich den Medienchef eines Regierungsrates, ob er jetzt ein Communiqué veröffentliche.

»Ach, wissen Sie«, antwortete er, »wenn ich jetzt ein Communiqué schreibe, muss ich es allen vorlegen, den betreffenden Departementen, den Juristen, den Tiefbauämtern, den Fachpersonen des Gewässerschutzes, den Umweltschutzbehörden. Alle werden

dann im Text herumfummeln und noch dieses und jenes heraus-
streichen. Am Schluss wird alles so gepanscht und verdünnt sein,
dass niemand mehr weiß, um was es geht. Ich schreibe kein Communiqué, das wäre vertane Zeit.«

Sich verkriechen

Nicht nur politische Instanzen, auch immer mehr Unternehmen
sind offenbar zur Ansicht gelangt, dass es Journalisten gar nicht
brauche. Viele wollen sie sich einfach nur vom Leibe halten, Journalisten stören. Sie könnten ja etwas aufdecken. Sie sollen uns in
Ruhe lassen. Wenn Journalisten auf Ämtern, in Unternehmen
oder bei Politikern anrufen, werden sie selten mit Freude begrüßt.
Es sei denn, Wahlen stehen bevor.

Viele verkriechen sich, wenn Journalisten anrufen. Es gibt auch
Kommunikationsberater, die Unternehmen eintrichtern, ja keine
Medien ins Haus zu lassen. Doch wer sich den Medien verweigert,
gibt zu Spekulationen Anlass. Wer nicht erreichbar ist, der schadet
sich oft selbst.

Wenn eine Story brodelt, kann es gefährlich sein, nicht zu reagieren. Wer nicht antwortet, erntet Misstrauen. Eine alte Journa-
listenweisheit lautet: »Wer sich nicht hinstellt, hat etwas zu verber-
gen. Jetzt wird es interessant.«

Der Artikel oder der Fernsehbericht entwickelt dann eine Ei-
gendynamik. Die Journalisten beginnen, andere Personen zu befragen. Diese Aussagen können das Thema weiter anheizen, was vielleicht nicht in Ihrem Sinn ist. Wie viele Themen haben Schwung
entwickelt, sind hochgeschaukelt worden – nur weil sich jemand
verweigert hat. Da schießen plötzlich Spekulationen ins Kraut.

Stehen Sie hin, sprechen Sie mit den Journalisten, auch wenn
Sie wenig zu sagen haben. Erläutern Sie den Medienleuten, wes-
halb Sie jetzt keine Erklärung abgeben möchten. Das baut sofort
Misstrauen ab.

Erreichbarkeitsterror

Journalisten rufen an und niemand ist erreichbar: Natürlich müssen Politiker, Wirtschaftsverbände oder Manager den Journalisten nicht 24 Stunden zu Füßen liegen. Natürlich sind Journalisten fordernd und stets in Eile. Und natürlich will man den Medienleuten keine schnellen, unbedachten Erklärungen abgeben.

Viele beklagen heute den Erreichbarkeitsterror. Immer sollte man sofort zur Verfügung stehen. Das Handy auf dem Nachttisch, eingeschaltet. Was für eine Welt!

Erreichbarkeitsterror hin oder her: Wichtige Institutionen müssen zwingend eine Medienstelle unterhalten, die zumindest bis in den späten Abend erreichbar ist. Vieles hat sich in den letzten Jahren gebessert. Viele Politiker teilen inzwischen ihre Handynummern mit und rufen schnell zurück. Auch viele Medienstellen bemühen sich aktiv um die Presse und bauen einen guten Kontakt zu den Medienschaffenden auf.

Es gibt Unternehmen, die prominent auf ihrer Webseite die Telefonnummer der Medienstelle mitteilen. Andere jedoch platzieren ein Formular, auf dem man gebeten wird, das Anliegen schriftlich zu deponieren. Als hätten die Medien Zeit, zwei Wochen auf eine Antwort zu warten.

Die 24-Stunden-Gesellschaft hat längst im Journalismus Einzug gehalten. Im Zeitalter des Internets gibt es keinen Redaktionsschluss mehr. Redaktionsschluss ist immer. Auch am Wochenende. Oft publizieren Sonntagszeitungen Berichte, die einer Klärung, einer Bestätigung oder eines Dementis bedürfen. Steht ein wichtiges Thema im Raum, wartet kein Journalist, bis ein Ansprechpartner am Montag zur Bürostunde erreichbar ist.

Es kommt noch immer vor, dass Journalisten schon werktags um 16 Uhr auf einem Anrufbeantworter landen. Die mit gutem Geld gefütterte Medienstelle macht eben schon Feierabend. »Les absents ont toujours tort.«

Die Arroganz von Konzernen

Wer mit den Medien Katz und Maus spielt, muss oft Federn lassen. Eine schallende Ohrfeige erlebte der Pharmariese Novartis. Unter dem Titel »Diese Abwehrhaltung schafft Misstrauen« veröffentlichte die *Neue Zürcher Zeitung* am 26. Januar 2012 diese Zeilen:

»Bedenklich ist dagegen die Nonchalance, mit der Novartis Pressevertreter für dumm verkauft und die symptomatisch ist für eine allgemein eher saloppe Medienarbeit des Konzerns. Die Pressestelle hat es offenbar darauf angelegt, sich Journalisten vom Leib zu halten. Medienvertreter werden nur noch als Empfänger von PR-Botschaften wahrgenommen; Fragen scheinen unerwünscht und werden nur beantwortet, wenn sie schriftlich eingereicht worden sind. Diese Abwehrhaltung schafft Misstrauen – dies in einer Industrie, die imagemäßig bisweilen Probleme hat. Letztlich könnte es den Konzern teuer zu stehen kommen; selbst ein globales Unternehmen ist auf das Wohlwollen der lokalen Öffentlichkeit angewiesen.«

Leben in Zeiten des Bleisatzes

Noch immer gibt es Medienstellen, die nur ein schriftliches Communiqué veröffentlichen. Dem Fernsehen und dem Radio wollen sie kein Interview geben. Erkundigt sich der Fernsehjournalist bei der Medienstelle, hört er: »Im schriftlichen Communiqué steht alles, mehr haben wir nicht zu sagen.« Oder: »Das Thema ist nicht so wichtig, als dass jemand von uns ein Interview geben müsste.«

Aus solchen Sätzen quillt die Angst, in einem Interview etwas Unbedarftes zu sagen. Oder der Widerwille, den Feierabend für ein Interview opfern zu müssen. Oder die Tatsache, dass man im Betrieb keinen fernsehtauglichen Mitarbeiter aufgebaut hat.

Noch immer herrscht der irrige Glaube, man könne ein Thema herunterspielen, wenn man nicht vor die Kamera steht. Tatsache ist, dass dann eben die Gegenseite vor die Kamera tritt. Sie erhält damit viel Gewicht. Wir sind im Fernsehzeitalter. Manche Medienbeauftragte leben noch in Zeiten des Bleisatzes.

Multimediale Medienwelt

Es ist zunehmend schwierig, den Anforderungen in der heutigen Medienwelt gerecht zu werden. Die Medien haben sich gewandelt, viele Betriebe haben das noch nicht gemerkt. Es genügt heute nicht mehr, den Redaktionen ein schriftliches Communiqué zu mailen. Medienarbeit ist immer häufiger eine multimediale Arbeit. Videos, Fotografien, Grafiken, Audio und Text werden auf verschiedenen Plattformen kombiniert eingesetzt. Mehr und mehr läuft die Kommunikation über die sozialen Netzwerke. Mediensprecher und PR-Verantwortliche stehen vor neuen Herausforderungen. Weiterbildung ist zwingend. Schon länger gibt es zahlreiche Studiengänge an Universitäten, Fachhochschulen und anderen Institutionen, in denen Studentinnen und Studenten lernen, die Medien in der neuen multimedialen Welt aktiv und reaktiv zu nutzen.

Dass sich die Kommunikationsbranche hinterfragt, ist dringend nötig. Denn »wohl in keiner Kommunikationsdisziplin wie in den Media Relations wird so unprofessionell gearbeitet und mit riesigem Arbeitsaufwand so viel Müll produziert«. Norbert Winistörfer, Dozent für Unternehmenskommunikation an der Hochschule für Wirtschaft der Fachhochschule Nordwestschweiz FHNW spricht aus Erfahrung. Die Gründe für die Malaise seien zahlreich: Es fehlten »clevere Strategien und Konzepte, handwerkliches Können, multimediales journalistisches Denken, das Gespür für nachrichtenwertige Storys – und die Kenntnisse über die Mechanismen im heutigen Mediensystem«.

Viele Kommunikationsbeauftrage würden die neuen Arbeitsprozesse und Bedürfnisse von Multimediajournalisten in den neuen Redaktionssystemen – den sogenannten Newsrooms – ignorieren.

Diese neuen Bedürfnisse hätten die Medienarbeit radikal verändert. Denn »die Medienschaffenden aus den Newsrooms lassen sich nicht mit einer dürren Medienmitteilung zufriedenstellen. Sie benötigen neben komprimierten Onlinetexten auch unterhaltende Kurzvideos, Originalton, auffallende Bilder, animierte Grafiken, hilfreiche Service-Infos, aufbereitete Themendossiers und weiterführende Links.«

Der Betriebsökonom Winistörfer, mit dem ich zusammenarbeite und Medientrainings gebe, unterrichtet unter anderem Fachkurse in Media Relations, CAS- und MAS-Studiengänge (Corporate Communication Management) und vermittelt sein Fachwissen in Intensivseminaren Unternehmen, Nonprofitorganisationen und Verwaltungen. 2001 hatte er das im deutschen Sprachraum erste nebenberufliche Masterstudium für integriertes Kommunikationsmanagement (MAS) lanciert.

Er weist darauf hin, dass auf der Suche nach verwertbarem und einzigartigem Content der Multimediajournalist in Gesprächen mit Firmenvertretern plötzlich unangekündigt Handkamera, Fotoapparat und Smartphone zücke. Damit würde jeder Medienkontakt zum TV- und Radioauftritt. »Wer in dieser Situation seine Botschaft nicht souverän in zwanzig Sekunden verständlich formulieren kann, der wird zur Lachnummer – oder geht in der Informationsflut unter.«

Vermeiden lasse sich ein reputationsschädigender Medienauftritt nur mit einem vorausgegangenen Medientraining. Ein solches sollten exponierte Firmenvertreter regelmäßig absolvieren, fordert Winistörfer. Denn nur die Routine verhilft zu einem glaubwürdigen, überzeugenden und wirkungsvollen Auftritt in den heutigen Medien.

Manche Unternehmen tasten sich noch immer allzu zögerlich ans Digitale heran. Doch Kunden würden immer öfter den Weg über digitale Plattformen (Smartphone, Webseite, Suchmaschinen, soziale Medien) wählen, um mit einem Unternehmen in Kontakt zu treten, sagt mir Patrick Warnking, Direktor von Google Switzerland, am Rande eines Wirtschaftstreffens.

Unternehmen müssten deshalb innovativ sein, »um ihr Geschäftsmodell sowie die Interaktion mit bestehenden und potenziell neuen Kunden für die digitale Welt erfolgreich aufzugleisen«.

Der Erfolg in Marketing, Sales und Medienarbeit hänge »in Zukunft wesentlich davon ab, welche Kompetenzen, Ressourcen und Erfahrung im Bereich Digital in einem Unternehmen aufgebaut wurden und wie erfolgreich das Engagement mit den Kunden via Digital verläuft«.

To take away

- Viele Unternehmen haben noch nicht gelernt, mit den Medien umzugehen.
- Es kann zu Ihrem Nachteil werden, wenn Sie nicht erreichbar sind.
- Vorwürfe entwickeln Brisanz, wenn niemand dazu Stellung nimmt.
- Schriftliche Communiqués genügen längst nicht mehr.
- Medienarbeit wird immer mehr zur multimedialen Arbeit.

Ihr TV-Auftritt
Die Kamera entlarvt alles

Journalisten haben Pflichten, Interviewte haben Rechte. Vor jedem TV-Interview muss ein Vorgespräch stattfinden, und zwar zwischen dem Interviewer einererseits und dem Interviewten oder seiner Medienstelle andererseits.

- Der Interviewte muss informiert werden, wo das Interview eingesetzt wird, welche Stoßrichtung der Beitrag hat und wie das Interview oder Zitate daraus voraussichtlich eingebettet werden (vgl. Publizistische Leitlinien SRF 6.2, Onlineversion 2015).
- Die interviewte Person muss zu den wesentlichen Vorhalten Stellung nehmen können.
- Werden mehrere Versionen des Interviews aufgezeichnet, sind Abmachungen zu treffen, welche Version im Beitrag verwendet wird.
- Der Interviewte muss erfahren (meist weiß er das schon), dass das Interview wahrscheinlich gekürzt wird. Die Kürzung »unterliegt den üblichen journalistischen Regeln der Fairness. Ein Gespräch ist so zu kürzen, dass ein kritischer Zuhörer die gekürzte Version als faire Zusammenfassung der längeren Version beurteilen kann« (Publizistische Leitlinien SRF 6.2).
- Der Journalist hat die Pflicht, jene Interviewstellen zu verwenden, bei denen der Befragte seinen Standpunkt am besten darlegt (best argument).

- Dem Interviewten (wenn es sich um eine mediengewandte Person handelt) muss bewusst sein, dass er ein aufgezeichnetes Interview nur schwerlich zurückziehen kann.
- Der Interviewte hat kein Recht zu verlangen, dass ihm vor der Sendung der ganze Beitrag vorgespielt wird.
- Wenn sich in der Zeit zwischen der Aufzeichnung des Interviews und der Ausstrahlung neue Aspekte ergeben, muss der Interviewte erneut Stellung beziehen können.

Lange lässt man Sie nicht sprechen

Aufgezeichnete Interviews werden fast immer geschnitten. Wenn Sie einer Nachrichtensendung ein Interview geben, haben Sie das größte Publikum. Doch man lässt Sie nur kurz sprechen. Sie geben also ein Interview, das mehrere Minuten dauern kann. Dann wählen die Journalisten eine oder einige spannende Passagen aus. Diese Passagen nennt man in der Fernsehsprache Quotes. Ein Quote ist ein Zitat, ein Interviewfetzen.

Die gesendeten Quotes werden tendenziell kürzer. Vor zwanzig Jahren noch ließ man Interviewpartner bis zu 60 Sekunden sprechen; heute lässt man Sie in Nachrichtensendungen (oft auch in Live-Diskussionssendungen) meist nicht länger als je 15 bis 30 Sekunden zu Wort kommen.

In der Praxis nimmt der Interviewte wenig Einfluss darauf, welche Interviewteile ausgewählt werden. Auch der Respekt vor hohen Häuptern ist verflogen. Früher war es verpönt oder verboten, die Aussage eines hohen Regierungsmitglieds zu kürzen. Noch Anfang der 1980er Jahre durften Tagesschaujournalisten Erklärungen von Bundesräten nicht schneiden. Heute kürzt die BBC selbst die Queen.

Der Trend zu kurzen Quotes hat seinen Grund: Man will Rhythmus in die Reportage oder die Diskussion bringen. Man will Zuschauerinnen und Zuschauer nicht mit langatmigen Erklärungen langweilen. In 20 Sekunden kann man Wichtiges sagen. Wer das nicht kann, kann es auch in 40 Sekunden nicht.

Das ist die Chance, packen wir sie!

Auch kurze Auftritte bieten Chancen: Ein großer Schweizer Konzern publiziert ein schriftliches Communiqué über den Geschäftsgang und über neue Stoßrichtungen seiner Aktivitäten. Dann ruft eine Fernsehjournalistin an und möchte zwei Stunden später ein Interview aufzeichnen. Das Unternehmen weiß: Wir können uns heute Abend während 20 oder 25 Sekunden in der Tagesschau äußern – vor vielen hunderttausend Zuschauern. Das ist eine Chance, packen wir sie!

Der Medienverantwortliche, der den Anruf der Journalistin entgegengenommen hat, informiert seine Chefs. Diese berufen eine Sitzung ein. Das schriftliche Communiqué, das am frühen Morgen veröffentlicht wurde, ist anderthalb A4-Seiten lang. Würde der ganze Inhalt vorgetragen, dauerte dies drei bis vier Minuten. Der Konzern weiß, man lässt uns nur wenige Sätze sagen. Also: Auf was konzentrieren wir uns? Welche Botschaft, welche Kernbotschaften wollen wir vermitteln? Eine Diskussion beginnt. Wollen wir diesen Aspekt hervorheben oder jenen? Mit welchen wenigen Sätzen wollen wir uns »verkaufen«?

Das Ausarbeiten einer Kernbotschaft kann wehtun. Vieles, das Sie wissen und wichtig finden, müssen Sie über Bord werfen.

Die Kernbotschaft ist der Inhalt. Jetzt geht es um die Verpackung. Den wenigen Sätzen kommt eine riesige Bedeutung zu. Je prägnanter, herausfordernder und anschaulicher sie formuliert sind, desto größer ist die Chance, dass sie verstanden werden. Eine wichtige Botschaft, schlecht verpackt, ist wertlos, weil sie nicht ankommt.

Wenn Sie den Fernseher ausschalten und nach zehn Minuten nicht mehr wissen, was der CEO in der Tagesschau Ihnen gesagt hat, ist das nicht Ihr Fehler. Es ist der Fehler des CEO. Er hat seinen Auftritt verbockt.

Oft werden heute sehr lange Interviews aufgezeichnet, auch wenn man dann nur einige kurze Sequenzen verwendet. Immer wieder fragen die Journalisten nach, und nochmals, und nochmals. Das mag oft mühsam erscheinen, kann aber im Interesse des Interviewten sein. Ziel ist es, einige kurze, prägnante Aussagen »im Kasten« zu haben.

Manche Interviewte ärgern sich über diese Praxis. Immer wieder – etwas variiert – werden ähnliche Fragen gestellt. Und immer läuft die Kamera. Solche Interviews können bis zu 40 Minuten dauern. Es gibt Interviewte, die dann plötzlich sagen: »So, fertig, sagen Sie mir, was Sie wissen möchten, ich habe nicht unendlich Zeit.«

Ein Politiker erklärte einmal: »Ihr interviewt mich ja nur deshalb so lange, weil ihr hofft, dass ich irgendwann etwas Unbedachtes sage.«

Der Ort der Aufnahme

Wo wird das Interview aufgezeichnet? Eine schlechte Wahl des Aufnahmeorts kann Sie in ein schlechtes Licht rücken oder dazu führen, dass Ihnen niemand zuhört.

Das »Setting« ist von größter Bedeutung. »Setting« nennt man in der Fernsehsprache den Aufnahmeort – den Ort, an den Sie für die Aufzeichnung des Interviews platziert werden. Der Hintergrund, vor dem Sie sprechen, wird mit dem Gesagten in Verbindung gebracht. Er ist Teil der Aussage. Das Auge nimmt diese Botschaft parallel zum Gesagten auf.

Soll das Interview im Büro oder im Freien geführt werden? Die Tendenz besteht, ein Gespräch in einem lebendigen Umfeld aufzunehmen. Das wirkt attraktiver. Der Mediensprecher der Post steht in einem Paket-Verteilzentrum, der Automanager in einer Montagehalle, die Flughafensprecherin im Abflugsektor.

Die Gefahr besteht jedoch, dass der Hintergrund derart lebendig ist, dass er ablenkt und das Publikum nicht zuhört, was die Interviewten sagen. Das Auge fixiert immer das, was sich bewegt. Wenn sich hinter dem Interviewpartner zu viel bewegt, konzentriert sich niemand auf das Interview. Wenn die Flughafensprecherin spricht und im Hintergrund winkt ein Zwölfjähriger in die Kamera, verpufft ihre Aussage.

Ein Berner Mediensprecher gab in einem Park ein Interview. Weit im Hintergrund joggte eine junge Frau. Niemand hörte zu. Bei der zweiten Antwort lief ein Hund vorbei. Niemand hörte zu.

Anderseits wirken Interviews, die im ruhigen Büro aufgenommen werden, oft magistral. Doch selbst dort lauern Gefahren. Wenn an der Wand ein Bild hängt, fixieren die Zuschauer das Bild. Legendär ist ein Interview vor einem Büroschrank, auf dem eine riesige Plastikkuh stand.

Eine weiße Wand im Hintergrund wäre also das Beste. Dann würden sich die Zuschauer einzig auf den Inhalt des Gesagten konzentrieren. Doch eine weiße Wand wirkt so trostlos und uninspiriert, dass sich dies negativ auf die Aussage auswirken kann.

Am sinnvollsten ist es meist, im Freien einen ruhigen Hintergrund zu wählen. Üblicherweise sprechen der Journalist und der Kameramann mit Ihnen den Aufnahmeort ab. Eine entscheidende Rolle spielen immer Licht- und Tonverhältnisse.

Medienverantwortliche großer Betriebe haben oft im Voraus den »idealen Aufnahmeort« ausgewählt und bieten dem Medienteam bei seiner Ankunft einen fernsehtauglichen Ort an.

Ist er wirklich ideal, spart das bei der Vorbereitung und der Aufnahme eines Interviews viel Zeit.

Puder vor dem Auftritt

Nicht nur Kleider und Frisuren können ablenken. Die Haut lebt und sondert in Stresssituationen Feuchtigkeit ab. Und diese glänzt im Scheinwerferlicht der Kameras.

Eine sichtbar schwitzende Person strahlt keine Glaubwürdigkeit aus. Ähnlich wie grüne Haare lenkt auch ein glänzendes Gesicht ab. Deshalb gilt: Vor jedem Auftritt, selbst bei Auftritten im Freien sollten sich die Interviewten leicht pudern. Auch eine getönte Tagescrème, wie sie Frauen am Morgen auftragen, beginnt zu glänzen, wenn sie nicht leicht überpudert wird.

Alle Fernsehmoderatorinnen und -moderatoren werden vor ihren Auftritten im Fernsehstudio geschminkt und gepudert. Frauen sitzen bis zu 40 Minuten in der Maske, Männer immerhin 20 Minuten. Auch alle Studiogäste werden geschminkt und gepudert.

Doch Männer und Puder – das ist eine Leidensgeschichte. Natürlich sollten sich bei Interviews im Freien auch Männer die Stirn und die Nase pudern. Viele haben Mühe damit. Einige weigern sich resolut. Sie ziehen es vor, dass man ihnen nicht zuhört.

Ich hatte stets ein Puderdöschen in meiner Tasche. Mit Überzeugungskraft gelang es mir immer wieder, Männer, die ich interviewen sollte, zu mattieren. Ich zückte die Dose: »Es ist so heiß heute, Ihre Stirn glänzt ein wenig, darf ich Ihnen da etwas Puder auflegen?« Die meisten waren überrumpelt und ließen es geschehen.

Stehen oder sitzen?

Wenn Sie stehen, wirken Sie lebhafter, kraftvoller und angriffiger, als wenn Sie sitzen. Auch bei Diskussionssendungen oder Streitgesprächen stehen die Teilnehmenden meist. Angela Merkel kreuzte die Klingen mit Peer Steinbrück im Fernsehduell vor der Kanzlerwahl im Stehen.

Wichtig ist, dass der Interviewte auf gleicher Augenhöhe mit dem Interviewer spricht. Wer hinunterblickt, wirkt arrogant. Wer hinaufblickt, wirkt demütig.

Immer wieder sind die Journalisten kleiner als der Interviewte – oder umgekehrt. Diese Differenz sollte unbedingt mit einer Stehunterlage ausgeglichen werden.

Selbst-Check auf der Toilette

Die letzten Minuten vor der Aufzeichnung eines Gesprächs sind wichtig: Viele Interviewpartner ziehen sich vor dem Interview einen Moment zurück. Sie konzentrieren sich auf die Kernbotschaft, die sie vermitteln möchten.

Willy Brandt, der frühere deutsche Bundeskanzler, war einer der besten Redner seiner Zeit. Er schloss sich vor jedem Interview einige Minuten auf der Toilette ein. Dort sprach er seine Kernbotschaft mehrmals durch. Dann trat er locker vor die Kamera.

Machen Sie vor jedem Auftritt einen Selbst-Check: Stehen Sie vor einen Spiegel, prüfen Sie Frisur und Kleidung. Stellen Sie Ihr Handy ab, lockern Sie Ihre Glieder und treten Sie erst dann vor die Kamera. Eigentlich sollte Ihnen das Medienteam sagen, wenn etwas mit Ihrem Outfit nicht stimmt: wenn die Krawatte schief sitzt, wenn Ihnen eine Strähne ins Gesicht hängt oder wenn der Hemdkragen hochsteht. Doch Kameramann und Journalist sind intensiv mit den Vorbereitungen der Aufzeichnung beschäftigt und könnten etwas übersehen. Deshalb ist es wichtig, dass Sie selbst die Verantwortung für Ihr Aussehen übernehmen.

Heute besteht die Tendenz, dass die Kamera nah an Ihr Gesicht fährt. Das hat seinen Grund. Wenn jemand fünf Meter von Ihnen entfernt spricht, nehmen Sie ihn weniger gut wahr, als wenn er Ihnen direkt gegenübersteht. Ein Professor, der weit hinten im Hörsaal doziert, erweckt weniger Aufmerksamkeit, als wenn er näher bei Ihnen spricht.

Die Kamera fängt Sie in Großaufnahme (Close-up) ein, um den Zuschauern den Eindruck zu vermitteln, Sie würden direkt vor Ihnen sprechen. So wird das Interesse an Ihrer Person gesteigert. Auch im Fernsehen gilt die Aussage von Doris Ternes: »Je geringer die Distanz zum Kommunikationspartner, desto mehr Sinnesorgane werden angesprochen.«

Das Heranzoomen des Gesichts wird von einigen fast als Persönlichkeitsverletzung empfunden. Die Kamera entlarvt jede Unschönheit, jedes Fältchen, jeden Pickel; sie multipliziert jede Unsicherheit. Und jeden noch so kleinen Tick.

Verräterische Augen

Ihre Augen verraten, ob Sie nervös, ängstlich oder angespannt sind – oder nicht ganz ehrlich. In fast jedem Medientraining geht es deshalb zunächst um die Augen. Dass sie »die Fenster der Seele« sind, wissen wir seit Hildegard von Bingen. Gerade im Fernsehinterview verraten sie viel.

Wenn Sie ein Interview geben, schauen Sie nie direkt in die Kamera. Nur Staats- und Bundespräsidenten tun dies bei offiziellen Ansprachen. Sie aber sprechen nicht förmlich zum Volk, sondern Sie kommunizieren mit Journalisten und letztlich mit dem Publikum, das zu Hause sitzt und sich dieselben Fragen stellt. In anderen Kulturkreisen herrschen andere Sitten. In Italien etwa sprechen viele ihre Botschaften direkt in die Kamera.

Wenn Sie einem Gegenüber, dem Interviewer also, ruhig in die Augen blicken können, gehören Sie zu den wenigen Glücklichen. Die meisten Interviewten schauen dem Journalisten mal ins linke und mal ins rechte Auge. Sie wechseln unbewusst hin und her.

Da Sie oft in Großaufnahme gefilmt werden, sieht man deshalb Ihre Augen stets unruhig von links nach rechts wandern – und zurück. Von den Zuschauern wird das sofort als Nervosität und Unsicherheit ausgelegt.

Wer sich nicht sicher ist, einen ruhigen Blick zu haben, sollte konzentriert in nur ein Auge des Interviewers schauen – oder auf seine Nase, seine Stirn oder sein Ohr. Damit vermeiden Sie ein Hin und Her Ihrer Augen, Sie wirken konzentrierter und Ihre Botschaft wird so besser ankommen.

Störend wirkt in einer solchen Großaufnahme, wenn Sie während des Sprechens kurz links oder rechts am Journalisten vorbeischauen – oder an die Decke oder auf den Boden.

Pannen gehören zum Fernsehalltag

Alles ist vorbereitet. Die Kamera ist aufgebaut. Sie sind bereit, atmen tief durch, die Arme sind locker. Und schon gibt es ein Problem: Der Kameramann merkt, dass die Cadrage, die Bildeinstellung, doch nicht ideal ist. Der Ton brummt. Die Journalistin verhaspelt sich schon während der ersten Frage. Ein Telefon summt. Ein Lastwagen fährt rumpelnd vorbei. Die aufgestellte Lampe fällt um. Sie sprechen Schweizerdeutsch statt Hochdeutsch oder Hochdeutsch statt Schweizerdeutsch. Ein Büromitarbeiter öffnet störend die Türe. Sie versprechen sich im ersten Satz.

Kommt alles vor – und immer wieder. Werden Sie nicht nervös. Pannen gehören zum Fernsehalltag. Selten funktioniert ein aufgezeichnetes Interview beim ersten Mal.

Interviewpartner haben das Recht, aufgezeichnete Interviews abzubrechen und zu wiederholen. Journalisten haben die Pflicht, die Interviewpartner möglichst vorteilhaft mit ihren besten Argumenten auftreten zu lassen.

Verhaspelt sich der Interviewte oder ist er nicht zufrieden mit sich, kann er eine Wiederholung verlangen. Der Interviewte hat das Recht, das eben Gesagte zu visionieren. Entweder steckt man den Chip mit der Aufzeichnung in einen Computer oder man sieht sie sich durch den Sucher der Kamera an.

Die Erfahrung zeigt jedoch, dass die Aufzeichnungen nicht unbedingt besser werden, je mehr man davon gemacht hat. Wenn die dritte Version nicht gut ist, wird die vierte oder fünfte meist nicht besser gelingen. Ist das Interview spät am Nachmittag angesetzt, befinden sich die Medienleute in Zeitnot. Sie werden dann ungeduldig und sehen es ungern, wenn der Interviewte nochmals und nochmals eine Aufzeichnung verlangt.

Ein gefährlicher Moment

Das Interview ist aufgezeichnet. Doch aufgepasst: Die Begegnung mit dem Journalisten ist erst zu Ende, wenn er das Haus verlassen hat. Oft sitzen nach dem Interview Journalist und Interviewpartner noch zusammen. Vielleicht trinken sie einen Kaffee und unterhalten sich. Der Interviewte ist erleichtert, dass alles gut gelaufen ist. Das ist ein hervorragender Moment für den Journalisten, mehr zu erfahren.

In dieser zwanglosen Stimmung beginnt der Interviewte oft zu plaudern. Zwar läuft die Kamera nicht mehr, doch der Journalist spitzt die Ohren. Die Informationen, die er nach dem eigentlichen Gespräch auffischt, darf er dem Interviewten nicht namentlich zuschreiben. Doch er kann in seinem Bericht texten: »Aus gut informierter Quelle erfuhren wir ...«

Interviewte tun gut daran, dem Journalisten eine Visitenkarte mit auf den Weg zu geben. Es gibt nichts Dümmeres, als wenn der Interviewte mit falsch geschriebenem Namen oder Titel auf dem Bildschirm erscheint.

Können Interviews zurückgezogen werden?

Ein Fernsehteam hat eben am Hauptsitz eines Unternehmens ein Interview mit einem Wirtschaftsvertreter aufgezeichnet. Man verabschiedet sich freundlich, das Team kehrt in die Fernsehzentrale zurück. Da klingelt das Telefon: Der eben Interviewte will nicht, dass das Interview gesendet wird. Können Interviews zurückgezogen werden?

Bei Menschen des öffentlichen Lebens wie Politikern, Managern, CEOs, Verwaltungsräten, Mediensprechern, Amtsträgern, Prominenten ist das Recht auf einen Rückzug des Interviews eingeschränkt. Wer in ein Interview mit Radio oder Fernsehen eingewilligt hat, hat eine Art Vertrag geschlossen, der nicht ohne Weiteres rückgängig gemacht werden kann.

Das Recht auf Rückzug des Interviews ist insbesondere dann eingeschränkt, wenn das Gespräch ordnungsgemäß vereinbart wurde und ebenso ordnungsgemäß ablief. Auch mediengewandte Interviewte können jedoch gemäß Leitlinien spontane oder emotionale Sequenzen (zum Beispiel ein Wutausbruch oder eine unbedachte Beschimpfung) zurückziehen.

Beim Zusammenstellen des Beitrags muss der Journalist jene Interviewstellen auswählen, die am besten im Sinne des Interviewten sind. Die Publizistischen Leitlinien SRF sagen des Weiteren: »Beim nachträglichen Antexten von Interviewfragen darf die ursprüngliche Fragestellung eventuell gestrafft, aber nicht verfälscht werden.«

Der Interviewte kann verlangen, dass ihm die verwendeten Quotes vorgelegt werden. Er darf nicht verlangen, dass ihm der ganze Beitrag vorgespielt wird. Am einfachsten ist es, wenn die ausgewählten Ausschnitte dem Interviewten vom Schnittplatz aus telefonisch vorgelesen werden. In der Praxis ist dies, vor allem bei Newssendungen, aus Zeitgründen kaum je realisierbar.

Nicht immer jedoch können sich Journalist und Interviewpartner darauf einigen, welche Interviewpassagen verwendet werden sollen. In einem solchen Fall kann der Interviewte fordern, dass das ganze Interview nicht gesendet wird. Aber er muss dann dulden, dass der Kern seiner Aussagen verwendet wird, ohne dass er im Bild gezeigt wird, also zum Beispiel in einem Kommentar in indirekter Rede.

In der Praxis ist es oft so, dass aufgezeichnete Gespräche dem Interviewten sofort vorgespielt werden. Er kann dann entscheiden, ob er zum Beispiel eine zusätzliche Version aufzeichnen möchte.

Hat der Journalist den Aufnahmeort verlassen und sind Sie eine mediengewandte Person, ist ein Rückzug in der Regel nicht möglich. Anders ist es bei weniger mediengewandten Personen. Sie können das Interview unter Berufung auf das Recht am eigenen Bild zurückziehen. Nicht zurückziehen können Sie den Informationsgehalt des Gesprächs.

Generell besagen die Publizistischen Leitlinien SRF: »Der Rückzug eines Interviews kurz vor der geplanten Sendung ist missbräuchlich und muss nicht beachtet werden.«

Achtung, live!

Oft werden Gespräche nicht vor der Sendung aufgezeichnet, sondern man bittet Sie zu einem Interview ins Fernseh- oder Radiostudio. Dort werden Sie von einer Moderatorin, einem Moderator live befragt und eventuell mit Kritik konfrontiert. Solche Gespräche sind für den Interviewten riskant. Er arbeitet ohne Netz. Was gesagt ist, ist gesagt. Ein ungünstiger Auftritt kann nicht wiederholt werden.

Doch Live bietet auch Vorteile: Bundesrat Moritz Leuenberger sagte zynisch dem *Tages-Anzeiger*, er gebe am liebsten Live-Interviews: »Weil dann kommt, was ich auch gesagt habe.« Damit unterstellt er, dass seine Aussagen in aufgezeichneten Interviews nicht in seinem Sinn verwendet werden.

Moderatoren haben auch bei Live-Interviews Pflichten:
*   Der Studiogast muss im Voraus im Detail informiert werden, mit welchen Vorwürfen er konfrontiert wird.
*   Er muss sich darauf einstellen und sich vorbereiten können.

- Der Moderator muss ihm die Möglichkeit geben, die Vorwürfe wirklich zu kontern.
- Der Moderator darf nicht neue Vorwürfe einbringen, auf die sich der Studiogast nicht vorbereiten konnte.

Ob sich der Moderator dann wirklich daran hält, keine brisanten Zusatzfragen zu stellen, ist eine andere Frage. Je bekannter der Interviewte ist, je mehr Erfahrung er mit Medien hat – desto weniger wird sich der Moderator daran halten.

Überall Kameras

Wir leben in einer gläsernen Gesellschaft. Wir werden auf Schritt und Tritt von Kameras verfolgt. Nicht nur in der U-Bahn, im Supermarkt oder an der Straßenkreuzung. Vor allem auch in Konferenzräumen. Seien Sie gewappnet.

»Fuck the EU« sagte die amerikanische Spitzendiplomatin Victoria Nuland in einem vertraulichen Telefongespräch mit dem amerikanischen Botschafter in der Ukraine. Das Gespräch landete subito auf Youtube. Bundeskanzlerin Angela Merkel bezeichnete die Äußerung als »absolut inakzeptabel«.

Telefongespräche werden heute mitgeschnitten. Überall lauern Kameras und Mikrofone. Kameras können auch aufzeichnen, ohne dass ein Kameramann dahinter steht. Ob ein Telefongespräch mitgeschnitten wird, können Sie nicht prüfen. »Gestohlene Bilder« und unbedachte Äußerungen dürften zwar nicht ausgestrahlt werden. Doch man kennt die Praxis. Was verboten ist, wird zum Renner.

Legendär ist das G-20-Treffen im November 2011 in Cannes. Staatspräsident Nicolas Sarkozy glaubte, alle Mikrofone seien abgestellt. Über den israelischen Ministerpräsidenten Netanjahu sagte er zu seinem Nachbarn Barack Obama: »Ich kann ihn nicht mehr sehen, er ist ein Lügner.« Antwort Obama: »Du bist ihn leid, aber ich habe mehr mit ihm zu tun als du.« Die Mikrofone waren offen und die private Konversation wurde in einen Raum mit Journalisten übertragen.

Ebenso legendär ist ein Witzchen des amerikanischen Präsidenten Ronald Reagan am 11. August 1984. Vor seiner samstäglichen Radioansprache sagte er bei einer Mikrofonprobe: »My fellow Americans, I'm pleased to tell you today that I've signed legislation that will outlaw Russia forever. We begin bombing in five minutes.«

Die Aussage wurde irrtümlicherweise aufgezeichnet. Sie wurde zwar nicht öffentlich gesendet, sickerte aber schnell durch. Die Rote Armee versetzte ihre Fernostfront in Alarmbereitschaft. Moskau reagierte erzürnt.

Medienminister Bundesrat Moritz Leuenberger schrieb im Sommer 2001 TV-Geschichte, als er dem inzwischen eingegangenen Fernsehsender TV3 ein Interview geben sollte. Die Verbindung klappte nicht und die Fragen gefielen ihm nicht. Ohne zu wissen, dass die Kamera lief, sagte er: »Das ist doch ein Scheiß, was der gefragt hat, huäre Scheiß.« Die Sequenz wurde später gesendet.

Oft wird Ihnen vor einem Interview ein Funkmikrofon (Mikrofon ohne Kabel) ans Revers oder an die Bluse geheftet. Achten Sie darauf, dass dieses Mikrofon nach dem Interview entfernt wird. Manchmal geht das vergessen. Das kann unangenehme Konsequenzen haben. Sie mischen sich nachher unter Kollegen oder Gäste und äußern Dinge, die Sie vor der Kamera nicht erzählen wollten. Doch das Mikrofon ist immer noch offen, und der Tontechniker kann alles mitverfolgen, was Sie sagen.

Das geschah auch dem New Yorker Multimillionär Robert Durst. Der 71-Jährige stand im Verdacht, drei Frauen umgebracht zu haben. Das bestritt er. Nach einem Interview mit dem Fernsehsender HBO ging er auf die Toilette und das Mikrofon war noch eingeschaltet. Im Selbstgespräch – abgehört von den Journalisten – sagte er: »Nun ist es so weit. Sie haben dich. Was zum Teufel habe ich getan? Na klar – ich habe sie alle umgebracht.« (»There it is. You're caught. What the hell did I do? Killed them all, of course.«)

To take away

- Veröffentlichen Sie nicht nur ein schriftliches Communiqué, stehen Sie bei Bedarf Rede und Antwort vor Kamera und Mikrofon.
- Wenn Sie um ein Interview gebeten werden, bestehen Sie auf einem Vorgespräch.
- Lassen Sie sich über Ihre Rechte und Pflichten informieren.
- Der Ort der Aufnahme ist von größter Bedeutung.
- Achten Sie darauf, dass Sie auf Augenhöhe mit dem Interviewer sprechen.
- Prüfen Sie vor dem Interview Ihre Kleidung und Frisur.
- Sie haben das Recht, ein eben aufgezeichnetes Interview zu visionieren und gegebenenfalls zu wiederholen.
- Seien Sie nach der Aufzeichnung auf der Hut: Plaudern Sie nichts Diskretes aus.
- Menschen des öffentlichen Lebens können aufgezeichnete Interviews in der Regel nicht zurückziehen.
- Die Journalisten sind verpflichtet, die besten Argumente des Interviews zu verwenden.
- Offensichtliche Falschaussagen (z.B. Milliarden statt Millionen) und emotionale Entgleisungen können zurückgezogen werden.
- Ein Rückzug kurz vor der Sendung ist »missbräuchlich«.

Beanstandungen, Beschwerden, Sendungen stoppen
Wie wehren Sie sich?

Erfahren oder wittern Sie, dass Sie in einer Sendung, die noch nicht ausgestrahlt ist, besonders schlecht wegkommen, können Sie versuchen, die Sendung zu stoppen. Die Hürden sind allerdings hoch. Daneben gibt es gegen schon ausgestrahlte Sendungen Beanstandungs- und Beschwerdemöglichkeiten.

Beschwerden vor der Ausstrahlung

Superprovisorische Verfügung
Noch nicht ausgestrahlte Sendungen können mit superprovisorischen Verfügungen gestoppt werden. Wer »glaubhaft« machen kann, dass die bevorstehende Ausstrahlung eines Beitrags seine Rechte verletzt und ihm einen besonders schweren Nachteil zufügt, kann beim Richter seines Wohnorts oder am Sitz des Mediums ein vorläufiges Publikationsverbot beantragen. Solche Ausstrahlungsverbote können im letzten Moment, kurz vor der geplanten Ausstrahlung, verfügt werden – sogar ohne Anhörung des Medienhauses! Dafür gelten strenge gesetzliche Voraussetzungen.

Solche »superprovisorische«, vorsorgliche Maßnahmen sollten »strikte nur als Ultima Ratio verhängt werden«, schreiben die Medienjuristen Peter Studer und Rudolf Mayr von Baldegg in ihrem

Buch *Medienrecht für die Praxis*. Peter Studer war Chefredaktor des *Tages-Anzeigers*, des Schweizer Fernsehens und Präsident des Schweizer Presserats.

»Leider tendieren die Gerichte im Zweifelsfall oft dazu, die Folgen einer Rechtsverletzung für den Einzelnen als gravierend zu werten, jene für das Medienhaus aber als geringfügig«, schreiben sie weiter.

Gemäß den Publizistischen Leitlinien SRF 11.5 kann also »in Extremfällen« – auf Anordnung der Abteilungsleitung/Chefredaktion – ein Ausstrahlungsverbot vorsätzlich missachtet werden, denn: »Richter übersehen oft die im Gesetz formulierten engen Schranken zum Schutz der Medien«, solcher »Ungehorsam muss allerdings aus Respekt vor dem Rechtsstaat strikte Ausnahme sein«, sagt Peter Studer. Im Rahmen einer sogenannten Schutzschrift werde gegebenenfalls »der Rechtskonsulent den Richter schon im Voraus informieren, um die böse Überraschung eines Verbots ohne Anhörung zu vermeiden«.

Beschwerden nach der Ausstrahlung

Wenn Sie mit einer schon ausgestrahlten Sendung nicht einverstanden sind oder sich persönlich verletzt fühlen, können Sie sich wehren.

Journalistinnen und Journalisten haben die Pflicht, sich an den sogenannten Journalistenkodex zu halten. Diese 1999 von den vier Journalistenverbänden und heute von Verlegern wie auch der SRG SSR mitgetragenen »Erklärung der Pflichten und Rechte der Journalistinnen und Journalisten« wurde vom Schweizer Presserat ausgearbeitet und mehrmals ergänzt. Es handelt sich um eine ethische – nicht rechtliche – Selbstregulierung.

Der Presserat steht dem Publikum »als Beschwerdeinstanz für medienethische Fragen zur Verfügung«, wie Studer ausführt. Reicht jemand eine Beschwerde ein, prüft der Presserat, ob »der

Medienbeitrag den Journalistenkodex verletze oder nicht«. Seine Stellungnahme macht der Presserat publik.

Ombudsstelle
Innerhalb von zwanzig Tagen nach Ausstrahlung eines Beitrags kann jedermann bei der Ombudsstelle des Radios oder Fernsehens eine *Beanstandung* einreichen. Der Ombudsmann muss dann innerhalb von vierzig Tagen entscheiden, ob er die Reklamation gutheißt oder nicht. Der Ombudsmann entscheidet nach freiem Ermessen. Er orientiert sich freilich am Radio- und Fernsehgesetz, vor allem an den Pflichten, bei Informationssendungen die Gebote »Sachgerechtigkeit« und »Vielfalt« einzuhalten. Der Ombudsmann hat es auch mit vielen Querulanten zu tun. Peter Studer und Rudolf Mayr von Baldegg plädieren dafür, dass der Ombudsmann nicht jede Querulanteneingabe behandeln muss. Die »Urteile« (Ombudsbriefe) des Ombudsmanns werden publiziert.

»Unabhängige Beschwerdeinstanz«
Wer mit dem Entscheid des Ombudsmanns nicht einverstanden ist, kann sich innerhalb von dreißig Tagen unter gewissen Bedingungen an die »Unabhängige Beschwerdeinstanz für Radio und Fernsehen« (UBI) wenden und eine *Programmrechtsbeschwerde* einreichen. Die neun UBI-Mitglieder werden vom Bundesrat gewählt. Die UBI prüft, ob Radio oder Fernsehen das Programmrecht verletzt haben – ob zum Beispiel das Recht auf freie Meinungsbildung des Publikums und die Menschenwürde nicht respektiert wurden. Die Entscheide der UBI werden publiziert. Rügt die UBI einen Bericht von Radio oder Fernsehen, muss diese Rüge vom Sender von der verantwortlichen Redaktion »kurz und sachlich« veröffentlicht werden. Wird die Beschwerde gutgeheißen, analysiert der Chefredaktor in seinem Newsletter

den Fall. Das Urteil kann zudem Gegenstand von Seminarien sein. »Es können auch organisatorische oder personelle Maßnahmen mitgeteilt werden«, so Studer.

Bundesgericht

Wer mit dem UBI-Entscheid nicht einverstanden ist (ob Kläger oder Sender), kann sich unter Umständen ans Bundesgericht wenden. Erkennt das Gericht auf eine Gesetzesverletzung, muss das Urteil vom Sender von der verantwortlichen Redaktion »kurz und sachlich« publiziert werden.

Klage bei Gericht

Bei behaupteten Persönlichkeits- oder Wettbewerbsverletzungen (ZGB, UWG) oder bei Ehrverletzungen (StGB) kann es zu einem aufwendigen Rechtsstreit kommen. Ergebnis: oft Schadenersatz, Genugtuung, Buße oder Haftstrafe (Letzteres selten). Im Zivilrechtsverfahren können Medienhäuser, Verleger, Chefredaktoren, Journalisten belangt werden. Im Strafverfahren ist in erster Linie der Autor eines Berichts verantwortlich.

Gegendarstellung

Wer mit einem Bericht nicht einverstanden und »persönlich betroffen« ist, kann laut Gesetz eine Gegendarstellung verlangen. Dabei handelt es sich nicht um eine Berichtigung, sondern um eine *knappe,* sachbezogene »Gegenbehauptung« (bei Kommentaren ist sie nicht gegeben), erklärt Peter Studer. Wer Recht hat, bleibt offen. Der Anspruch auf eine Gegendarstellung wird von Verlagen und RTV-Veranstaltern zunächst meist wegen »Weitschweifigkeit« bestritten; der Unterlegene kann sich an den Richter wenden. Es empfiehlt sich die Formel »Unwahr ist ... wahr ist vielmehr ...« und strikte Knappheit.

To take away

- Die Hürden sind hoch, um mit einer superprovisorischen Verfügung die Ausstrahlung einer Sendung zu stoppen.
- Nach der Ausstrahlung einer Sendung können Sie sich an den Presserat (gratis) oder an den Richter (Vorschuss und hohe Kosten bei Niederlage) wenden.
- Nach der Ausstrahlung einer Radio- oder Fernsehsendung können Sie beim Ombudsmann eine Beanstandung einreichen.
- Im Anschluss daran können Sie sich an die Unabhängige Beschwerdeinstanz und ans Bundesgericht wenden.

Und dies zum Schluss

Sie verlassen einen Konferenzort oder einen Tagungssaal – vielleicht durch die Hintertür. Sie wollen zu einem Mittagessen gehen oder steigen in ein Auto ein. Und da werden Sie plötzlich von einem Fernsehteam mit laufender Kamera abgefangen. Schon stellt der Journalist eine provokative Frage.

Wie reagiert man, wenn man von einem Fernsehteam überfallartig zur Rede gestellt wird? Man antwortet hastig, sagt etwas, was man nicht sagen sollte. Oder man schaut verängstigt in die Kamera und geht wortlos weiter. »Böse« Journalisten senden dann diese Bilder und texten: »XY wollte zu den Vorwürfen keine Stellung nehmen.«

Gehen Sie nicht wortlos vorbei: Lächeln Sie und sagen Sie: »Ich gebe ihnen gerne ein Interview, aber ich möchte das Thema vorher in Ruhe mit ihnen besprechen.« Top-Politiker wissen, dass sie jederzeit abgefangen werden können. Sie haben immer eine Antwort im Hinterkopf – ob sie nun zur Frage des Journalisten passt oder nicht.

In den Publizistischen Leitlinien SRF 6.1 heißt es: »SRF-Journalistinnen und -Journalisten respektieren die Persönlichkeitsrechte, insbesondere die Intim- und Privatsphäre der Einzelnen – sofern nicht ein überwiegendes öffentliches Interesse das Gegenteil gebietet.«

Doch Politiker, Amtspersonen, Wirtschaftsvertreter, Stars und Sternchen müssen jederzeit damit rechnen, von den Medien angegangen und vielleicht belästigt zu werden. Bei Personen des öffentlichen Lebens und bei Prominenten liege die Schwelle weniger hoch, heißt es an derselben Stelle: »Je exponierter eine Person ist, desto mehr Beeinträchtigungen ihrer Privatsphäre muss sie tolerieren. Die Intimsphäre (Sexualität, Religion, Gesundheit) ist aber auch bei dieser Personengruppe besonders geschützt.«

»Spontane Interviews (beim Verlassen eines Konferenzsaals, nach der Ankunft eines Sportlers im Ziel) sind mit Personen zulässig, die Routine im Umgang mit Medien haben«, steht unter Punkt 6.3 geschrieben. Allerdings: Spontane, emotionale Reaktionen, Wutausbrüche, Beschimpfungen müssen weggeschnitten werden, wenn der »Überfallene« das verlangt.

Immer wieder kommt es vor, dass Kamerateams an der Haustür einer Person des öffentlichen Interesses klingeln. Die Kamera läuft, die Scheinwerfer sind schon eingeschaltet. Wenn dann jemand öffnet und die Haustür wieder zuschlägt, glaubt der Journalist, einen Scoop, einen Knüller, zu haben. Das ist nicht nur schlechter Journalismus, sondern »problematisch«, wie es in den Publizistischen Leitlinien SRF heißt. Vorgesetzte müssen solche Einsätze im Voraus genehmigen.

Sicherlich nicht genehmigt war diese Episode, die sich in den 1990er Jahren abgespielt hat: Es war früher Morgen. Da klingelte ein Fernsehteam an der Haustür des kurz zuvor gewählten britischen Premierministers Tony Blair. Eine verstörte Cherie Blair, eben dem Bett entflohen, öffnete im Negligé. Die Bilder gingen um die Welt. Cherie Blair reagierte später »very British«. Sie ließ ihr berühmt gewordenes Nachthemd für einen guten Zweck versteigern.

Eine andere Überfallgeschichte erzählen sich Journalisten immer wieder: Bei amerikanisch-sowjetischen Verhandlungen in den 1970er Jahren in Genf verließ US-Außenminister Henry Kissinger den Verhandlungssaal und ging auf die Toilette. Ein Fernsehteam

folgte ihm. Kissinger zog die Hose hoch und gab dem TV-Journa-
listen ein längeres Interview. Ob die Geschichte wirklich stimmt,
lässt sich nicht mehr nachprüfen.

Literatur

Bayer, Klaus: Verteilung und Funktion der sogenannten Paranthesen in Texten und gesprochener Sprache. Goethe-Institut, 1971.

Birkenbihl, Vera F.: Rhetorik. Ariston Verlag, München 2010/2012.

Birkenbihl, Vera F.: Signale des Körpers. mvg verlag, München 2012.

Bubenheimer, Felix: Grammatische Besonderheiten gesprochener Sprache und didaktische Konsequenzen für den DaF-Unterricht, 2001.

Bund, Kerstin: Glück schlägt Geld. Murmann Verlag, Hamburg 2014.

Duarte, Nancy: Persuasive Presentations. Harvard Business Review Press, Boston 2012.

Engel, Ulrich: Syntaktische Besonderheiten der deutschen Alltagssprache. Moser Verlag, München 1974.

Geissner, Hellmut K.: Vor Lautsprecher und Mattscheibe. Röhrig Verlag, St. Ingbert 1991.

Gottfried, Arnold: Einflüsse der Umwelt auf die Stimme. Martin-Luther-Universität, Halle 1956.

Guggenbühl, Allan: Anleitung zum Mobbing. Zytglogge Verlag, Oberhofen 2008.

Hein, Monika: Sprechen wie der Profi. Campus Verlag, Frankfurt a. M. 2014.

Herbst, Liselotte: Untersuchungen zur Indifferenzlage der Sprechstimme. Studien zur Problematik des physiologischen Hauptsprechtonbereichs. Promotion an der Martin-Luther-Universität Halle-Wittenberg 1965.

Hertel von, Anita: Professionelle Konfliktlösung. Campus Verlag, Frankfurt a. M. 2008.

Lay, Rupert: Dialektik für Manager. Rowohlt Verlag, Reinbek bei Hamburg 1976.

Lewis, Richard D.: Cross-Cultural Communication. Transcreen Publications, Warnford Hampshire 2008.

Pörksten, Bernhard; Schulz von Thun, Friedemann: Kommunikation als Lebenskunst. Carl-Auer Verlag, Heidelberg 2014.

Publizistische Leitlinien SRF: www.srf.ch/unternehmen/unternehmen/qualitaet/publizistische-leitlinien-srf (27.4.2015).

Schulz von Thun, Friedemann; Zach, Kathrin; Zoller Karen: Miteinander reden. Rowohlt Verlag, Reinbek bei Hamburg 2012.

Schumacher, Heidemarie: Durch die Sendung führt. Magazine audiovisuell, Berlin 1988.

Siegel, Monique R.: War's das schon? Wie Frauen ihre Chance verpassen. Orell Füssli, Zürich 2014.

Slembek, Edith: Frauenstimmen in den Medien. In: Frauensprechen – Männersprechen. Ernst Reinhardt Verlag, München, Basel 1995.

Straßner, Erich: Grundlagen der Medienkommunikation. Niemeyer Verlag, Tübingen 2000.

Studer, Peter; Mayr von Baldegg, Rudolf: Medienrecht für die Praxis. Saldo Verlag, Zürich 2011.

Ternes, Doris: Kommunikation – eine Schlüsselqualifikation. Junfermann Verlag, Paderborn 2008.

Todorov, Alexander; Willis, Janine: First Impressions. Making Up Your Mind After a 100-Ms Exposure to a Face. In: Psychological Science, Bd. 17, Nr. 7, S. 592–598. Princeton University 2006.

Tucholsky, Kurt: Gesammelte Werke in 10 Bänden, Band 8 (1930). Herausgegeben von Mary Gerold-Tucholsky und Fritz J. Raddatz. Rowohlt Verlag, Reinbek bei Hamburg 1975.

Valentine, Carol Ann; Damian, Banisa Saint: Communicative Power: Gender and Culture as Determinants of the Ideal Voice. Annandale 1988.

Weissmann, Jerry: In the Line of Fire. Financial Times Press, Pearson Education Inc. 2009.